U0078917

i-smart

智學堂
智慧是學習的殿堂

國家圖書館出版品預行編目資料

睡覺和看電視哪一個比較累？小生活裡的大學問/
冷冬貴編著. -- 初版. -- 新北市：智學堂文化,
民103.01　面；　公分. -- (青少年百科；12)
　　ISBN 978-986-5819-18-7(平裝)
　　　1.常識手冊
　　047　　　　　　　102023695

青少年百科：12

睡覺和看電視哪一個比較累？─小生活裡的大學問

編　　著 ─ 冷冬貴
出 版 者 ─ 智學堂文化事業有限公司
執行編輯 ─ 林美娟
美術編輯 ─ 蕭佩玲
地　　址 ─ 22103　新北市汐止區大同路三段一百九十四號九樓之一
　　　　　　TEL　（02）8647-3663
　　　　　　FAX　（02）8647-3660

總 經 銷 ─ 永續圖書有限公司
劃撥帳號 ─ 18669219
出 版 日 ─ 2014年1月

法律顧問 ─ 方圓法律事務所　涂成樞律師
CVS 代理 ─ 美璟文化有限公司
　　　　　　TEL　（02）27239968
　　　　　　FAX　（02）27239668

睡覺和看電視 哪一個比較累？
小生活裡的大學問 Sleeping vs.
Watching TV – Which One Takes More Energy

3

前言

　　有些事物總是習慣性地被視為理所當然，只要仔細一思考，就會發現有那麼一點不符合常理。

　　比如說：買「東西」的「東西」跟東西南北等方位有關嗎？到底是誰先開始說「買東西」的，有那麼多的方位可以挑，為什麼非要說買「東西」，買「南北」不行嗎？「拔河」拔的既然不是河，為什麼不叫「拔繩子」就好？「拔河」的淵源是什麼，最早難道真的是拔一條河嗎？北極和南極都是地球最冷的地方，為什麼只有南極有企鵝，而北極沒有？是環境條件不符合，還是人為因素造成北極企鵝無法生存？又或是北極企鵝跟南極企鵝根本就是不同種類的企鵝？如果有人對你豎起大拇指，你覺得那是什麼意思？是讚美你？還是想搭便車？是表示數字嗎？什麼數字呢？難道，竟然是在罵人？

　　身邊處處都是學問，冷知識的有趣之處即在此。

4

目錄

part 1

第一章

睡覺和看電視哪一個比較累？
──小生活裡的大學問

睡覺和看電視**哪一個比較累？**
小生活裡的大學問 Sleeping vs.
Watching TV—Which One Takes More Energy

5

★人人都能喝優酪乳嗎？ ……………………… 0 2 6

★關燈看電視健康嗎？ ……………………… 0 2 8

★為什麼用橄欖油作為食用油比其他植物油好？
……………………… 0 2 9

★如何讓蠟燭不「流淚」？ ……………………… 0 3 0

★冬天時該怎麼樣做才可以讓不要眼鏡起霧？ 0 3 1

★夏天被蚊子咬之後，止癢的最佳方法是什麼？
……………………… 0 3 2

★開燈睡覺好嗎？ ……………………… 0 3 3

★刷牙應該在早餐前還是後？ ……………………… 0 3 4

★食物的顏色會影響我們的味覺嗎？ …………… 0 3 5

★長期淋浴對身體好嗎？ ……………………… 0 3 6

★早晨不疊被子有利於身體健康嗎？ …………… 0 3 7

★為什麼要用軟木塞作為葡萄酒瓶的瓶蓋？ … 0 3 8

★螢幕保護程式到底有什麼作用？ ……………… 0 3 9

★牛皮紙是用牛皮製作出來的紙嗎？ …………… 0 4 0

★新鮮的麵包可以放進冰箱嗎？ ………………… 0 4 1

★為什麼切洋蔥會流淚？ ……………………… 0 4 2

睡覺和看電視 哪一個比較累？
小生活裡的大學問 Sleeping vs.
Watching TV—Which One Takes More Energy

7

睡覺和看電視 哪一個比較累？
小生活裡的大學問 Sleeping vs.
Watching TV—Which One Takes More Energy

9

part 2

第二章

地球正在發胖嗎？

——說說地球的小秘密

睡覺和看電視 哪一個比較累？

小生活裡的大學問 Sleeping vs.
Watching TV - Which One Takes More Energy

11

part 3

第三章

「司空」為啥「見慣」?

──咬文嚼字趣味多

睡覺和看電視 哪一個比較累？

小生活裡的大學問　Sleeping vs.
Watching TV — Which One Takes More Energy

13

14

part 4

第四章

以左為尊還是以右為尊？
──處世規則、禁忌知多少

PART 1

睡覺和看電視哪一個比較累？
——小生活裡的大學問

01.

睡覺和看電視哪一個比較累？

　　睡覺其實會令人變瘦，這樣的說法你聽過嗎？事實上，睡眠所消耗的熱量比看電視還要多！而且睡眠時大腦運作更活躍，這也為人類做夢時的超強想像力提供了合理的解釋。而且，就算處於睡眠狀態，身體各器官還是會持續運作，比如：腦袋在活動、胃在消化食物、血液在循環等，同樣都會消耗熱量。睡眠期間所消耗的熱量，跟個人的體重與睡眠品質有關係。以70公斤為例，睡眠八小時消耗的熱量為66×8=528大卡；若睡十二小時，消耗的熱量為66×12=792大卡；如果是會打呼的人，那消耗的熱量更是比這個數字高。計算一下，如果多睡四個小時，這四小時期間不僅沒有補充熱量，還多消耗了66×4=264大卡，這豈不是愈睡愈瘦嗎？

睡覺和看電視 哪一個比較累？
小生活裡的大疑問 Sleeping vs.
Watching TV – Which One Takes More Energy

19

02.

手機電池第一次使用前必須放電嗎？

　　無論任何電器都離不開電池。關於智慧型手機鋰電池的保養工作，很多人都覺得應該把手機用到自動關機之後再充電，並且前三次的充電時間應該長達12小時才算是正確啟動鋰電池的方法。事實上，這些觀念都是錯誤的。

　　鋰電池跟別的電池不一樣，沒有所謂的生命週期高峰期，它每充電一次就少一次壽命，一般情況下能夠充放電大約300～500次。使用鋰電池時，最好不要完全放電，反而應該經常充電，反覆隨意地充電並不會損害電池。另外，很多人習慣購買備用的鋰電池進行替換，這也是錯誤的。這類的電池並不會因為使用頻率較少就可以延長使用壽命。因為導致鋰電池耗損的主要原因是氧化所引起的電池內部電阻增加，這就是為什麼有的時候明明剛充滿了電，使用沒多久就又顯示沒電的原因。

03.

為什麼非要說「買東西」不可，講「買南北」不行嗎？

我們平時習慣說「買東西」，這句話其實是有歷史淵源的。

一次，南宋學者朱熹造訪友人盛溫如，盛溫如手上正拎著籃子準備上街。朱熹問盛溫如要去哪裡，盛溫如回答說：「上街買東西。」

朱熹很驚訝地問：「為什麼是買東西呢？南北也可以買嗎？」

盛溫如回答：「籃子只能裝金類木類，水類火類可裝不得。」

朱熹聽罷連連點頭。

原來古代的「五行」多半與東、西、南、北、中等方位配合出現，東方屬木，西方是金，南方屬火，北方屬水。所以籃子只能裝東西，而不能裝南北。

同樣的例子在乾隆皇帝時也曾出現。乾隆問紀曉嵐：「為什麼東西叫東西，而不叫南北？」

睡覺和看電視 哪一個比較累？
小生活裡的大學問 Sleeping vs.
Watching TV—Which One Takes More Energy

21

　　紀曉嵐說：「東西屬金木，南北屬水火。金木人人都喜歡，水火則不好辦，因為水火難容。」

　　可見，這個語言現象正是來自古代的五行觀念。人們把一切事物和現象都歸納於這五類物質中，而這五類物質就逐漸成為具體事物的抽象化代名詞。這就是五行，代表著當時的歷史條件下，前人的世界觀。

　　按照五行來推衍，東西南北中與金木水火土具有兩兩互相對應的關係，即東代表木，西代表金，南代表水，北代表火，中代表土。而古人認為，我們生活中使用的所有物品幾乎都是由金和木兩種物質所組成的。因此，「東西」二字便漸漸成為泛指物品的代名詞。隨著科學技術的進步，今人對世界的認識早已大不相同，但「東西」一詞卻仍被沿用下來。

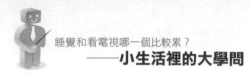
04.

為什麼老是睡過頭？

　　很多人總是因為晚睡導致睡眠不足或者情緒低落，又或者因為睡眠品質不好的關係，很容易一不小心就「睡過頭」。對於失眠患者來說，早晨按時起床真是個大難題。現代人睡過頭的頻率，從「智慧型鬧鐘」熱銷的情況就可見端倪。

　　為防止睡過頭，最好的解決方法就是養成良好的睡眠習慣：確保每晚在相同的時間上床，並保證睡眠充足。如果能做到這兩點，你將會發現，無論有沒有鬧鐘，都能夠在正確的時間「睡到自然醒」。

睡覺和看電視 哪一個比較累？
小生活裡的大學問 Sleeping vs.
Watching TV－Which One Takes More Energy

23

05.

裸睡和穿衣睡哪個比較溫暖？

　　有的人習慣裸睡，而有的人則認為裸睡不文明。那麼裸睡究竟是否可取呢？裸睡和穿衣睡哪一種方式身體比較溫暖呢？

　　實際上，著衣而眠是習慣，脫衣而睡是享受。若從科學上來說，裸睡則會更暖和。裸睡時一方面去除了衣物對身體的束縛，給人無拘無束的舒適感；另一方面也增加了皮膚與空氣的接觸，有利於血液循環和皮脂腺、汗腺的分泌。因此就科學上來說，裸睡的確有助於放鬆心情、消除疲勞。皮膚呼吸通暢了，新陳代謝的速度便會加快，肌肉更容易放鬆，這樣身體就會更加暖和了。

06.

新買的衣服可以立刻穿嗎？

　　新衣服買來馬上穿對健康有害喔。

　　剛從工廠生產出來的新衣服，為了防止發黴退色，通常會經過染色劑等化學處理。這些都屬於慢性有毒物質，在穿著的過程中會釋放出甲醛等有害氣體，一旦接觸到呼吸道及皮膚，很容易引發呼吸道和皮膚過敏，甚至致癌。

　　另外，衣服從工廠裡生產完成一直到被顧客買回家，中間會經過很多人的手，沾染了很多肉眼看不到的灰塵和細菌。因此，為了去除這些髒東西和化學染色劑，新衣服最好先洗過再穿。

睡覺和看電視 哪一個比較累？
小生活裡的大學問 Sleeping vs.
Watching TV — Which One Takes More Energy

25

07.

速食麵為什麼要泡三分鐘，泡五分鐘不可以嗎？

　　泡麵是現代人常吃的食品，食用說明裡總是標註著：開水泡三分鐘後才能食用。為什麼一定是三分鐘呢？是經過精算發現泡三分鐘之後最好吃嗎？難道泡五分鐘就不能吃了嗎？

　　速食麵的發明者安藤百福給出了答案。原來，將速食麵泡三分鐘，肚子就會感覺更餓，這個時候打開來吃覺得麵非常香。那麼既然等待可以吊胃口，為什麼不乾脆等五分鐘，甚至更長的時間呢？對此安藤百福說，等得太久會讓人感到坐立不安，本來想吃的心情反而會轉變為沮喪，並且麵泡太久也會失去原本的好味道。三分鐘是安藤經過長期觀察研究消費者心理後，所定下的最佳等待時間。

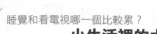

08.

人人都能喝優酪乳嗎？

　　很多人都喜歡喝優酪乳，因為優酪乳中含有豐富的比菲德式菌（B菌）、嗜酸乳桿菌（A菌）、乾酪乳桿菌（LP菌）等益生菌。這些益生菌在人體腸道內繁殖時會分泌對健康有益的物質，提高免疫力，並有效調節體內菌群平衡，促進腸胃蠕動，緩解便秘，還可達到一定的減肥效果。

　　但這並不意味著人人都適合喝優酪乳。對於胃酸過多、脾胃虛寒、容易腹脹的人來說，優酪乳會導致體內胃酸過多，影響胃黏膜功能及消化酶的分泌，進而降低食欲，破壞電解質平衡。而對於正處於生長發育期的嬰兒來說，優酪乳中的乳酸菌在抑制有害菌的同時，也影響了正常的消化功能，不利於嬰兒的正常生長。另外，優酪乳在製作過程中會加一些糖，因此對糖尿病患者來說，必須特別注意選擇無糖優酪乳才行。

　　必需提醒大家的是，空腹時不宜喝優酪乳。因為

睡覺和看電視 哪一個比較累？
小生活裡的大疑問 Sleeping vs.
Watching TV – Which One Takes More Energy

27

此時胃內酸度較大，容易將益生菌殺死，減弱優酪乳的保健作用。也不能用優酪乳服藥，因為氯黴素、紅黴素、磺胺類藥物等，也會殺死或破壞優酪乳中的益生菌，使其失去保健作用。此外，優酪乳中的乳酸菌對牙齒，尤其是乳牙，具有腐蝕作用，所以喝完之後一定要及時漱口。

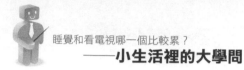
09.

關燈看電視健康嗎？

　　有些人晚上看電視或用電腦時，喜歡把房間裡的燈都關掉，只剩下螢幕所發出的亮光。

　　這樣是不對的，因為這時光線的對比度特別高，眼睛就特別容易感到疲勞。時間久了會影響視力，甚至損害眼睛。所以，晚上最好開著燈看電視。

睡覺和看電視 哪一個比較累？
小生活裡的大學問 Sleeping vs.
Watching TV — Which One Takes More Energy

29

10.

為什麼用橄欖油作為食用油比其他植物油好？

　　現代人倡導用橄欖油作為食用油，橄欖油中含有較高的不飽和脂肪酸（55%～83%），即油酸。除了供給人體所需的熱能外，還能調整人體高、低密度脂蛋白和膽固醇的濃度比例。橄欖油中所含的不飽和脂肪酸、亞油酸和亞麻油酸的比例，正好是人體所需的比例，近似母乳，這也是其他植物油所不具備的。同時，橄欖油所富含的維生素A、D、E、F、K和胡蘿蔔素等脂溶性維生素及抗氧化物，都是極易為人體所消化吸收的營養素。根據研究指出，橄欖油如能長期食用，具有非常好的營養保健作用。對於女性朋友來說，橄欖油能夠保護皮膚，尤其能防止皮膚損傷或衰老，使皮膚充滿光澤。

11.

如何讓蠟燭不「流淚」？

　　蠟燭燃燒的時候總是會流下許多蠟油，使得蠟燭的使用壽命縮短。而且蠟油流到桌子上清理起來也很麻煩，該怎麼做呢？

　　在使用蠟燭之前，先放到冰箱的冷凍庫裡冷凍24小時，這時再點燃，就不會有蠟油溢出了。這是因為冷凍的過程可以讓固態蠟變得更穩，蠟油分子更加緊密，因此可以燃燒得更完全。

睡覺和看電視 哪一個比較累？
小生活裡的大疑問 Sleeping vs.
Watching TV – Which One Takes More Energy

31

12.

冬天時該怎樣做才可以讓眼鏡不起霧？

　　將用剩的肥皂塊泡在溫水裡，做成肥皂水，均勻地塗抹在鏡片上，然後用眼鏡布輕輕擦乾淨，這樣眼鏡就不會經常起霧了。

　　其應用原理是這樣的，因為肥皂含有油脂成分，將肥皂水塗抹在鏡片上，鏡片就不容易沾染水汽。這種方法也可以用在浴室和汽車的防霧工作。

13.

夏天被蚊子咬之後，止癢的最佳方法是什麼？

　　夏天被蚊子咬了怎麼辦？奇癢難忍時除了抓以外還有什麼辦法？

　　有一個最簡單的方法，就是用肥皂水清洗被蚊子叮到的地方。因為蚊子叮咬時口器會往肌肉裡注入酸性物質，而肥皂水是鹼性的，酸鹼中和之後，就不會覺得癢了。

睡覺和看電視 哪一個比較累？
小生活裡的大學問 Sleeping vs.
Watching TV – Which One Takes More Energy

33

14.

開燈睡覺好嗎？

有的人喜歡開著燈睡覺，覺得更有安全感。但經過研究證實，睡覺時開燈會抑制人體褪黑激素的分泌，導致免疫功能降低，此外也容易引發癌症。

大腦裡面有一個部位叫做松果體，到了夜間人體進入睡眠狀態時，松果體就會分泌褪黑激素，這種激素在深夜11時至次日凌晨之間分泌最為旺盛，直到天亮之後便會停止分泌。褪黑激素可以抑制交感神經的興奮，使血壓下降、心率減慢，身體的免疫功能因此獲得加強，有消除疲勞，甚至殺死癌細胞的效果。

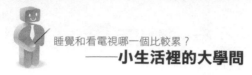

15.

刷牙應該在早餐前還是後？

　　應該先吃早點再刷牙比較好。最好的刷牙時間應該是飯後10～20分鐘內，但現實生活中絕大部分人都做不到餐後刷牙，除了因為環境不方便之外，就算有時間也沒有養成這種良好的習慣，另外還有對牙齒保健的知識瞭解不夠。一般來說，最合理又比較容易的做法是在晚飯後（不再吃東西的前提下）一定要刷牙，這次刷牙的時間至少必須達到三分鐘，這樣就可以讓口腔保持至少十多個小時的清潔。

　　同理，早上若是在刷牙後才吃早餐，食物殘渣又會被保留在口腔內，直至午餐前這段時間，口腔都處於不完全清潔的狀態。有人說晚上不刷牙，口腔中存在細菌就會被吃到肚子裡，這種說法毫無道理。因為口腔和胃本來就是相連的，唾液原本就會進入肚子裡。這種說法只是大人拿來哄小孩刷牙的說詞而已。

睡覺和看電視 哪一個比較累？
小生活裡的大學問 Sleeping vs.
Watching TV - Which One Takes More Energy

35

16.
食物的顏色會影響我們的味覺嗎？

我們經常用「色香味俱全」來形容美味佳餚。從「色」字排在首位來看，就可見其重要性。難道顏色會影響食欲嗎？

實際上，並不是顏色本身使食物的味道發生改變，而是因為人們在看到某種食物的時候，會聯想到自己曾吃過的某種食物，使人們感覺食物更好吃。

不僅食物的顏色會影響味覺感受，連用來盛食物的餐具和餐廳的裝潢，也是不能忽視的細節。最好的例子就是餐具多半常用白色，因為白色總是最能凸顯食物的顏色。

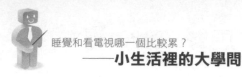
17.

長期淋浴對身體好嗎？

　　現代浴室多半同時配備了浴缸和淋浴設備。但是因為生活步調快速，很多人根本沒有充足的時間泡澡，每天只是簡單地進行淋浴而已。其實，長期淋浴對健康是不利的。

　　因為只有讓身體內部暖和，並排出一定的汗液，洗澡才能真正幫助解除疲勞，達到放鬆身心的效果。淋浴只會對皮膚表面產生刺激，肌肉和內臟並沒有因此獲得充分的熱量。而且，淋浴後皮膚會收縮，反而使身體處於緊張狀態，無法達到放鬆身心的目的。

　　長時間坐在辦公室工作的人，因為長期處於空調環境中，本身血液循環就比較弱，因此調節體溫的能力較差。如果長期淋浴，體內溫度和微循環就很難得到調整，生理活動因此受到破壞。所以，辦公室工作者應堅持每周至少泡兩次澡。

睡覺和看電視 哪一個比較累？
小生活裡的大學問 Sleeping vs.
Watching TV—Which One Takes More Energy

37

18.

早晨不疊被子有利於身體健康嗎？

　　根據英格蘭金斯頓大學的研究指出，睡醒不疊被子的確更加有利於健康。亂七八糟的床鋪雖然不太美觀，卻可以有效地抑制被褥中塵蟎的生長，減少灰塵過敏和哮喘患者的症狀。根據科學家統計，即使是非常整潔的人家，床鋪上塵蟎也至少有1500萬隻，這些幾乎看不見的塵蟎靠著人體自然脫落的皮膚維生，不論是活的蟲體或是死去的屍體碎屑，其全身上下所產生的分泌物和排泄物，都是引起人體過敏的過敏原。由於蟎蟲必須生長在潮溼環境中，而人體睡在被褥裡產生的汗水或水氣，在起床離開被褥之後，水分就會開始消失。如果睡醒後不疊被，被褥中的水分就會快速蒸發，導致各類蟎蟲乾渴而死，無法長久生存。

19.

為什麼要用軟木塞作為葡萄酒瓶的瓶蓋？

天然的軟木塞原料來自橡樹的樹皮，彈性很好，被壓縮至瓶內後就能夠造成完全密封的環境。不過若是過於乾燥，軟木塞的彈性就會降低，所以葡萄酒一定要橫放，使軟木塞得到保濕，才能真正保存葡萄酒的風味。

雖然目前也有以人工壓縮的碎塊軟木塞來取代天然軟木塞的作法，但一般而言，高價位的葡萄酒大多數仍是採用天然軟木塞。

因為軟木塞的壽命大約在30年左右，因此葡萄酒可以保存的年份也較久。

睡覺和看電視 哪一個比較累?
小生活裡的大疑問 Sleeping vs.
Watching TV – Which One Takes More Energy

39

20.

螢幕保護程式到底有什麼作用?

螢幕保護程式顧名思義就是為了保護螢幕,但它真的有保護的作用嗎?

在個人電腦的時代,很多人都喜歡使用螢幕保護程式,直到筆記型電腦開始流行之後,這個習慣依舊保留了下來。但實際上螢幕保護程式對筆記型電腦非但沒有任何好處,反而還會造成一些負面影響。

原來螢幕保護程式僅對傳統的CRT顯示器具有保護作用,由於筆記型電腦所使用的LCD顯示器和CRT顯示器的工作原理不同。LCD顯示器中的液晶分子每開關一次壽命就減低一次,使用螢幕保護程式反而使液晶分子快速老化,導致出現壞點等問題。同理,對筆電電池的耗損率也會增高。保護LCD顯示器最好的辦法,就是直接將螢幕關掉。

21.
牛皮紙是用牛皮製作出來的紙嗎？

最早以前，牛皮紙確實是用小牛皮製成的。這種牛皮紙現在大概只有在製作鼓面時才會用到了。如今我們常見的牛皮紙袋，是人們用針葉樹的木材纖維，經過化學方法製漿，再放入打漿機中進行打漿，加入膠料、染料等，最後用造紙機製造而成的紙張。因為這種紙的顏色多半是黃褐色，紙質堅韌很像牛皮，所以人們習慣稱之為牛皮紙。

其實，牛皮紙與普通紙的製作方法並沒有多大的不同，但為什麼牛皮紙比普通紙張牢固呢？這是因為製作牛皮紙所用的木材纖維比較長，而且在蒸煮木材時是用氫氧化鈉和硫化鈉等化學藥品來處理的關係，這類藥品化學作用比較緩和，木材纖維原有的強度受到的損傷比較小，因此用這種紙漿做出來的紙，其纖維與纖維之間是緊緊相依的，所以牛皮紙較為牢固。

睡覺和看電視 哪一個比較累？
小生活裡的大學問 Sleeping vs.
Watching TV—Which One Takes More Energy

41

22.

新鮮的麵包可以放進冰箱嗎？

　　新鮮的麵包買回家後該如何保存？很多人的答案都是放冰箱。但根據研究指出，放在冰箱裡的麵包容易變乾、變硬，其營養和口感還不如常溫下儲存的麵包好。麵包放在冰箱裡之所以會變乾、變硬，是因為澱粉發生老化的關係。麵包在製作的過程中，澱粉會吸水膨脹；烘焙時，澱粉會產生糊化，結構發生改變，使得麵包變得鬆軟有彈性。而儲藏時，澱粉的體積不斷縮小，裡面的氣體逸出，使得麵包變乾硬，這就是老化的現象。

　　導致麵包老化的因素很多，溫度就是其中一個重要因素。根據研究指出，在較低溫度下保存時，麵包的老化速度會加快；而在較高溫度下保存，麵包的老化速度較慢。但若超過35℃，同樣會影響麵包的顏色及香味，所以21℃～35℃是最適合麵包保存的溫度。而冰箱的冷藏室溫度大約為2℃～6℃，所以會導致麵包加速老化。

23.

為什麼切洋蔥會流淚？

　　洋蔥切開時會釋放出蒜胺酸酶，這就是導致流淚的真正原因。因為這種酶和洋蔥中的氨基酸發生反應之後，氨基酸轉化成次磺酸。次磺酸分子重新排列後成為硫代丙醛-S-氧化物（SPSO）被釋放到空氣中。這種化學物質接觸到眼睛會刺激角膜上的游離神經末梢，引發淚腺流出淚水。

　　儘管這種流淚酶同時也是洋蔥的美味關鍵，科學家還是想培養出「不流淚」的洋蔥。日本的植物生化學家長期研究蒜胺酸酶終於有了一些發現，他們相信這個發現有助於「不流淚」洋蔥的培植。其理論是阻斷蒜胺酸酶的基因，同時增加硫化亞磺酸酯的產出。

　　想避免在切洋蔥時流淚，可以在切開之前先將洋蔥加熱，或在平緩水流下切洋蔥。最直接的方法就是戴護目鏡，也可以降低流淚的機會。

睡覺和看電視 哪一個比較累？
小生活裡的大學問 Sleeping vs.
Watching TV – Which One Takes More Energy

43

24.

常伸懶腰有益健康？

很多人認為，伸懶腰代表懶惰的象徵，這種說法根本就沒有科學根據，實際上伸懶腰對身體好處多多。

經常坐著工作或學習的人，長時間低頭彎腰趴在桌旁，身體得不到活動。由於頸部向前彎曲，流入腦部的血液不暢通，而且時間持續過長，容易使大腦及內臟的活動受到限制，使得新鮮血液供不應求，身體產生的廢物無法及時排出，於是出現疲勞的現象。尤其青少年及兒童的身體正處於發育階段，大腦和心肺尚未完全成熟，因此更容易感到疲勞。

伸懶腰的時候，一般都會伴隨著打哈欠，以及頭部向後仰，兩臂往上舉的動作。這些動作有很多好處。首先，這時流入頭部的血液增多，使大腦得到比較充足的營養；其次，上半身後仰時，胸腔會得到擴張，心、肺、胃等器官的功能同時得到改善，血液更加流通，不僅營養供應充足，身體廢棄物也能及時排

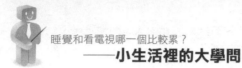
除；再次，伸懶腰時的擴胸動作能夠幫助增加氧氣的
吸取量，使體內的新陳代謝增強，有助於提高大腦和
其他器官的工作效率，減輕疲勞；最後，伸懶腰還能
使腰部肌肉得到活動，這樣一伸一縮地鍛鍊，使得腰
部肌肉更加發達，防止脊椎向前彎曲形成駝背，對維
持體型具有一定的作用。因此，每工作一段時間之
後，伸伸懶腰對身體是有好處的。

睡覺和看電視 哪一個比較累？
小生活裡的大學問 Sleeping vs.
Watching TV — Which One Takes More Energy

45

25.

如何解讀商品包裝上的條碼？

　　條碼是指一組規則排列的條狀記號及其對應字元所組成的標籤，用以表示一定的商品資訊的符號。用條碼辨識設備掃描條狀記號之後，便會產生一組對應的字元，作為輸入電腦資料庫之用。設備所識讀出來的資料和條碼下方對應的字元，表示的是相同的資訊。

　　條碼這種技術，是隨著資訊技術的發展和應用而誕生的，它是集編碼、印刷、識別、資料獲取和處理於一身的技術。為了使商品能夠在全世界廣泛地流通，條碼的設計製作和使用，都必須遵循商品條碼管理的相關規定，透過申請註冊之後才能使用。目前，條碼掃描已經成為市場流通的主流。

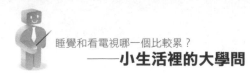
26.

包裝水為什麼也要標示最佳飲用期限？

　　超市裡賣的礦泉水，按照廣告所說可能來自某個歷經3000年的湧泉，但是為什麼瓶子上依然印有「最佳飲用期限」，日期大約是未來兩年。如果瓶中的水已經在湧泉的含水層中度過3000年，為什麼在一個密封的瓶子中卻可能會變質呢？

　　當泉水流過一系列岩層時，每種岩層都會對水產生不同的作用。礦物質因此溶解到水裡，改善了水的味道，也使水中含有人體所需的礦物質，這也是喝礦泉水有益健康的原因。天然泉水經過各式岩層的微小孔隙，就像是一組天然過濾系統，濾掉水中各種污染物，提高了水的純淨度。然而一旦泉水冒出地表，就很容易再次受到污染。這就是礦泉水生產商必需推測「最佳飲用期限」的原因了，在這段期間內引用，可以保證消費者不會喝到變質污染的包裝水。

睡覺和看電視 哪一個比較累？
小生活裡的大學問 Sleeping vs.
Watching TV — Which One Takes More Energy

47

27.

商標上的TM是什麼意思？

TM標誌與Ⓡ不同，它並不代表對商標的保護，而是表示該商標已向國家商標局提出申請，並且國家商標局也已經發出《受理通知書》，進入了異議期，這樣就可以防止其他人提出重複申請，也表示現有商標持有人具有優先使用權。

Ⓡ是「註冊商標」的標記，意思就是該商標已在國家商標局經審查通過，成為註冊商標。圓圈裡的R就是英文「register」註冊的開頭字母。而TM是英文「trade mark」商標符號的縮寫，標註了TM的文字、圖形或符號雖是商標，但不一定已經註冊（未經註冊的商標不受法律保護）。台灣的商標都需要經過註冊才能受到保護，並不屬於上述這種採取註冊標記制度之國家，所以不需要TM或是Ⓡ這類標記來區別商品保護型態。但不懂這方面知識的人，若是隨便亂標記TM或是Ⓡ，就可能被認定為虛偽或不實標示，因違反公平交易法而遭到處罰。

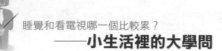
28.

蔬菜怎麼保存更新鮮？

蔬菜買回來後不宜平放，更不能倒放，正確的方法是將其捆好，垂直豎放。

經過實驗後，從外觀上來看，垂直豎放的蔬菜顯得蔥綠鮮嫩，而平放、倒放的蔬菜則會稍顯枯萎，時間越長差異越明顯。從營養價值來看，垂直豎放的蔬菜葉綠素和含水量比平放或倒放的蔬菜多，同樣時間越長差異越大。

新鮮蔬菜中的葉綠素造血成分對人體是很好的營養，並且垂直豎放的蔬菜生命力強，維生素含量豐富，對人體更有益。

睡覺和看電視 哪一個比較累？
小生活裡的大學問 Sleeping vs.
Watching TV—Which One Takes More Energy

49

29.

為什麼有的人喜歡喝氣泡飲料？

　　多數發泡飲料之所以能產生氣泡，是因為液體在高壓之下注入了二氧化碳。雖然在一般氣壓下，二氧化碳也會溶於水，但是在氣壓較高的環境中，二氧化碳溶解的量會更大，在飲料中形成碳酸，開瓶之後，便會使得飲料產生絲絲冒泡的滋味。對於喜歡喝氣泡飲料的人來說，真正誘人的是這種滋味，而並非泡沫本身。

　　氣泡飲料沒氣了，就代表大多數溶解在飲料中的二氧化碳已經被釋放到空氣裡面，飲料中的碳酸含量也就降低了。既然主要的調味成分消失，整個味道也就變了。

30.

什麼叫量販式KTV？

　　我們去K歌時，常在KTV的招牌上看到「量販式」的字樣，這個詞是什麼意思呢？事實上，「量販式」購買就是大宗購買的意思。

　　「量販」源於1963年法國一家類似超級市場的超大型賣場。後來日本人首先把這種購物經營型態稱為量販，日語中的「量販」意思就是「大量批發的超市」，由此引申而出的量販式經營，指的就是透明、自助和平價的消費方式。

　　KTV的形態大約可分為兩類：一為家庭式的KTV，只要有一組點播系統和麥克風及顯示器，在家裡也能飆歌；第二種是公共KTV演唱場所，裡面設有包廂、卡拉OK大廳等，內部設有小型自助餐，以及能儲存幾十萬首歌曲的自助點歌系統。顧客的飲食消費均可以在店內購買，包廂按時計費，完全自主，更人性更自由。正因為裡面什麼都有，所以又被稱為「量販式」KTV。

睡覺和看電視 哪一個比較累？
小生活裡的大聲問 Sleeping vs.
Watching TV—Which One Takes More Energy

51

31.

為什麼紅葡萄酒的顏色會越來越淺，而白葡萄酒的顏色則會越來越深？

　　紅葡萄酒隨著年代的增加顏色由紫變紅，而白葡萄酒的顏色則是由微綠變為微棕，這是為什麼呢？

　　葡萄酒顏色的成熟老化是一種非常複雜的化學過程。紅葡萄酒在整個製作發酵過程中都會和葡萄皮接觸，一種稱為花青素的藍色或紅色酚類化合物會從葡萄皮中析出。此後隨著酒的老化，微量的氧氣和花青素及其他多為無色的酚類化合物相互作用，使其聚合並形成有顏色的單寧酸。經過一定的時間之後，這些單寧酸便會使酒呈現出磚紅色。單寧酸複合物與酒中的蛋白質等其他成分通常會不斷複合增長，其中許多單寧酸複合體會變得太大，以致不能繼續存在溶液中而會產生沉澱。所以紅葡萄酒老化時，顏色會從深紫色變為淺磚紅色。

　　白葡萄酒最初裝在酒瓶中時微微帶有綠色，新鮮的白葡萄酒在葡萄牙語中就被稱為「綠酒」，經過發

酵過程老化之後，便會帶些棕色調。白葡萄酒並沒有
和葡萄皮一起發酵，所以其中含有的酚類物質濃度很
低，隨著時間推移，產生的單寧酸含量也很低。此
外，白葡萄酒不含花青素，所以其中極少的單寧酸並
沒有受到染色。而白葡萄酒隨著老化會變為棕色調，
是因為其中的少量酚類物質被緩慢氧化所致，這個作
用就類似蘋果削好後，果肉和空氣接觸會變成棕色是
一樣的。

　　特別說明一個有趣的事實。葡萄中的花青素只會
出現在葡萄皮中，所以如果將皮去掉之後，即使用紅
葡萄也一樣可以製作成白葡萄酒，當然也會發生與白
葡萄酒同樣的現象。

睡覺和看電視 哪一個比較累？
小生活裡的大疑問 Sleeping vs.
Watching TV - Which One Takes More Energy

53

32.

電器不使用時，插頭沒有拔掉也會耗電嗎？

　　有人認為電器不使用的時候，插頭沒有拔掉就會繼續耗電，這是不對的。那麼沒有拔掉插頭會不會對電器有影響？回答則是肯定的。

　　電是一種能源，根據原子結構理論，任何物質都存在正電荷和負電荷，數目通常是相等的，所以對外不會顯出電性。一旦利用其他方法使得正電荷和負電荷彼此分開或數目不等，就會顯示電性。如：化學電源、摩擦靜電、發電機發電等，都是電的產生原理。

　　電流是一種能量，是電荷定向移動而產生的。電必須要形成電流，才能實現能量的轉換。而電流必須通過電器的轉化，才能成為我們所需要的各種能量。電器消耗電能，就是電流作用的過程。除非是電器上面有類似液晶顯示之類的面板，在待機時才有可能繼續耗電。否則在關閉不使用的情況下，電源既然是切斷的，就沒有形成電流，也沒有實現能量的轉換，因

此不會耗電。

　　雖然不會耗電，但對電器還是有可能產生影響。一般家用電器開關的金屬片距離都很近，如果是打雷的天氣，雷電非常強大，很可能使開關上距離很近的金屬片發生尖端放電，使得電路瞬間導通，形成強大電流。這樣的電流往往超過了額定電流，所以很容易造成電器損壞。為了避免經濟損失，防止電器發生意外，電器不使用時最好拔下插頭。

睡覺和看電視 哪一個比較累？
小生活裡的大學問 Sleeping vs.
Watching TV – Which One Takes More Energy

55

33.

電磁爐對人體真的有害嗎？

　　手機、電腦都有輻射，那電磁爐呢？根據專家表示，電磁爐的輻射頻率只有手機的1/60。

　　另外，電磁爐所產生的「磁」絕大部分分佈在鍋底，形成閉合磁場。當鍋具放在電磁爐上時，電磁爐所產生的閉合磁場在電磁爐邊緣的最高強度為160毫高斯，而使用手機時所產生的信號磁場則接近1600毫高斯，等於電磁爐邊緣磁場的10倍。因此，電磁爐所產生的磁場對人體的影響遠不如手機。

　　當鍋具垂直離開電磁爐面板3～5公分時，便會超出閉合磁場範圍不會再生熱，電磁爐也會自動停止工作；閉合磁場範圍之外的水準磁場非常微弱，大約只占整個磁場能量的百分之零點零幾，甚至接近於地球的磁場；並且當鍋具的最小直徑小於8公分時，電磁爐也無法工作。所以，與其擔心電磁爐對人體產生影響，還不如先擔心手機。

34.

沖馬桶時要不要蓋上蓋子？

　　很多人沖馬桶時不蓋蓋子，這是很不好的習慣。馬桶上的細菌很多，稍不留意就可能成為疾病之源。

　　沖水時如果馬桶蓋是打開的，馬桶內的瞬間氣旋最高可以將病菌或微生物帶到6公尺高的空中，並懸浮在空氣中長達幾小時，進而落在牆壁和牙刷、漱口杯、毛巾上，很容易使這些物品遭受細菌的污染。因此，沖馬桶時應養成蓋上蓋子的習慣。

睡覺和看電視 哪一個比較累？
小生活裡的大學問 Sleeping vs.
Watching TV - Which One Takes More Energy

57

35.

常吃香菜對身體好嗎？

香菜又名芫荽，煮湯時放點香菜可增加清香，還能去除腥膻氣味。香菜具有促進血液循環的作用，寒性體質者吃點香菜能改善手腳冰冷的症狀。

香菜雖味美，但不宜多食。中醫認為，香菜辛溫香竄，內通心脾，外達四肢，辟一切不正之氣，有溫補健胃的作用。但若多食或久食，就會耗氣損神，進而引發或加重氣虛。平素乏力、倦怠及易患感冒的氣虛患者，應該少食香菜；產後、病後初癒的患者，常常也會有著不同程度的氣虛，也應暫時和香菜保持距離。此外，香菜還具有溫熱、發瘡的作用，故狐臭、口臭、胃潰瘍、腳氣患者均不宜食用，否則會加重病情。

36.

吃麻辣火鍋的時候，哪種飲料最解辣？

　　很多人都喜歡麻辣火鍋那種又麻又辣的感覺，但很多時候，喜歡並不代表能承受。那麼有沒有又快又有效的解辣飲料呢？

　　答案是優酪乳或牛奶。麻辣火鍋雖然刺激過癮，但只怕吃完後腸胃受不了，隔天會拉肚子。所以，在吃麻辣火鍋之前，應先喝杯牛奶或優酪乳墊墊底。因為優酪乳可以舒緩太過麻辣所引起的腸胃不適，在腸胃壁形成保護膜，更可緩解口舌間的麻辣感，即使盡情大啖麻辣鍋，也不怕太過刺激，輕鬆改善享用麻辣火鍋之後的各種症狀。

睡覺和看電視 哪一個比較累？
小生活裡的大疑問 Sleeping vs. Watching TV – Which One Takes More Energy

59

37.

為什麼鐘錶指針是從左向右轉的？

　　古時候人們沒有鐘錶，只能靠太陽的高度來大致判斷時間。後來人們發現陽光在一塊大石頭上慢慢移動，而且每天移動的位置都一樣，於是他們在大石頭上立了一根棍子，在棍子周圍刻了一些線，陽光走到哪條線上就知道工作或吃飯的時間到了。這就是世界上最早的鐘，叫做日晷。

　　太陽每天都是東升西落，日晷上陽光的影子也以棍子為中心向右旋轉。後來人們根據日晷提示時間的方式發明了機械鐘，用指標代替陽光的影子。因此鐘錶指針也就沿用當初影子的走向，從左向右轉來提示時間了。

38.

為什麼手錶廣告中的指標都是呈「V」形呢？

　　鐘錶廣告裡顯示的時間有的是十點十分，也有十點八分四十五秒的，也有十點十分三十秒的，不管顯示的時間是多少，時針和分針一定呈V字形。這是為什麼呢？據說這是心理學家共同研究出來的結果。一則V字形在西方是勝利的象徵；二則指針同時上揚，令人感到欣悅；三則V字形狀如鳥兒展翅，給人奮發之感。路過鐘錶店時，如果發現店中懸掛鐘錶的時間呈V字形，人們會感覺這是一家有美感並講究品味格調的店；反之，若看到鐘錶的指標亂七八糟地指向各種不同的方向，則會大為感嘆，為什麼不能選擇最好的時間呢？

　　V字型的指針方向，就是心理學上的暗示作用。實際上人生亦然，常保奮發、清明、覺醒、善良、清靜，充滿活力與幹勁，則成功又怎麼可能遙不可及呢？

睡覺和看電視 哪一個比較累？
小生活裡的大學問 Sleeping vs.
Watching TV — Which One Takes More Energy

61

39.

為什麼綠色有益眼睛健康？

　　很多專家建議把電腦的背景色調成淺綠色，這是為什麼呢？

　　太陽光的可見光譜從紅到紫，波長是漸變的。陽光進入眼睛後，折射情況各不相同。相對於紅色等其他顏色，人眼對綠色的折射比較大，成像落在視網膜前方，使眼睛處於調節放鬆的狀態。而紅色則會落在視網膜後方，若要看清楚物體，眼睛就要調節至稍微緊張的狀態。此外，物體呈現綠色是因為吸收其他光線只反射出綠色的關係，這時候它對光線的反射比紅、黃等其他顏色弱，而顯得舒服。而且從顏色給人的感覺來說，綠色能帶來愉快放鬆的心情。

40.

為什麼東西距離眼睛越近越看不清楚？

　　想知道為什麼東西距離眼睛越近越看不清楚，就必須從眼睛水晶體的焦點來研究起。

　　眼睛最外層的無色透明部分叫做角膜，中間的透明囊狀物叫做水晶體；緊貼著水晶體有一個帶孔的薄膜叫做虹膜，中間的小孔叫做瞳孔。瞳孔的大小可通過肌肉的伸縮自動改變，以控制進入眼睛內光線的多少。光線強時，瞳孔變小；光線暗時，瞳孔變大。水晶體和前方角膜之間的空間叫做前房，前房裡充滿無色透明的液體，稱為房水。水晶體和後方視網膜之間的空間稱為後房，後房裡的無色透明膠狀物質則是玻璃體。

　　角膜、房水、水晶體和玻璃體都會對光線產生折射，它們的共同作用相當於一個凸透鏡，這個凸透鏡的前焦點約在角膜前1.5公分處，後焦點約在角膜後2.0公分處。用眼睛觀察的物體，距離多半大於2倍焦

睡覺和看電視 哪一個比較累？

小生活裡的大學問 Sleeping vs.
Watching TV - Which One Takes More Energy

63

距，所以從物體射進眼睛裡的光線經過這個凸透鏡折射後，在視網膜上形成倒立、縮小的實像，刺激分佈在視網膜上的感光細胞，通過視神經傳給大腦，產生視覺，於是我們就看到了物體。所以，如果物體距眼睛過近，就不會折射到視網膜上，物體的像就會變得不清楚了。

41.

戴眼鏡能接聽手機嗎？

　　手機已成為當今普遍使用的通訊工具，但在接打電話前，最好先取下眼鏡，特別是指金屬鏡框的眼鏡。為什麼呢？

　　手機在接通的瞬間電磁波最高，根據研究，相較於配戴塑膠鏡框，金屬眼鏡框的確會使電磁波增強。而在打電話時產生的電磁波會順著鏡架導入眼睛，造成眼球溫度升高。雖然在目前的研究中，微量的電磁波不致損傷眼睛影響視力，或是干擾腦部的正常運轉。但在目前電磁波研究結果尚未確定的階段，使用者應盡量使用免持聽筒，相對較為安全。

睡覺和看電視 哪一個比較累？
小生活裡的大學問 Sleeping vs.
Watching TV — Which One Takes More Energy

65

42.

為何操場設計的跑步方向都是逆時針方向？

　　仔細觀察，你會發現跑道的設計都是讓人按照逆時針方向跑的，這是為什麼呢？原來這與人的大腦功能有關。

　　人的大腦分左、右兩個半球，各自支配不同的功能。左腦支配右半身的活動，右腦則支配左半身的活動。在日常生活中，大多數人都慣用右手做事、寫字、工作，另外左腦還負責了高階思維和活動，因此左腦的負擔比較繁重。人體為了維護全身的平衡，必須加強右腦所支配的左腿功能，所以多數人的左腿都比右腿有力。賽跑時，多數運動員都是用左腿在後面起跑的。在跑彎道時，也由於左腿比較有力，按逆時針方向跑，左腿更能克服身體的離心力，避免向內側傾倒。右腿力量比左腿弱，如果按順時針方向跑，就會感到身體不穩，容易摔倒。不只是跑步，在滑冰、騎自行車時，也都有同樣的感覺。

43.

什麼顏色的車最安全？

　　大家都知道，行車安全的關鍵除了駕駛的操控之外，也跟汽車本身的性能很有關係，殊不知行車安全與車身的顏色也有關係。有些顏色在汽車遭遇緊急危險時可能會加劇肇事的副作用，而有一些顏色卻減弱或者遏制了車禍的發生。據統計，深色車比淺色車容易發生車禍。因為容易與道路環境相混合的黑、金、綠、藍等顏色的汽車，發生交通事故的機率遠高於明亮的嫩黃色、米色、奶色和白色汽車。這是為什麼呢？

　　顏色的性質，大約可分為前進色和後退色。例如：紅色、黃色、藍色、黑色共4部轎車與你保持相同的距離，紅色和黃色是前進色，因此你會覺得紅色車和黃色車離自己比較近；而藍色和黑色是後退色，所以感覺上藍色和黑色的轎車看起來比較遠。因為前進色的視覺效果比後退色好，看起來較近，所以車主相對會及早察覺到危險情況。

睡覺和看電視 哪一個比較累？
小生活裡的大學問 Sleeping vs.
Watching TV~Which One Takes More Energy

67

　　顏色還分為膨脹色和收縮色，將相同車身塗上不同的顏色，會產生體積不同的錯覺。如：黃色看起來感覺大一些，是膨脹色；而同樣體積的黑色、藍色感覺起來小一些，是收縮色。收縮色看起來比實際要小，尤其在傍晚和下雨天視線不良時，對方來車和行人常常會因為沒有注意到而發生事故。而黃色等膨脹色，看起來比實際要大，不論遠近都很容易引起注意，可以有效避免事故發生。

　　那麼究竟開什麼顏色的車上路最安全呢？答案是銀白色車最安全。銀白色對光線的反射率較高，易於識別。一般人們認為紅色是放大色，在環境中較為顯眼，有利於交通安全。但當駕駛員長時間開車，紅色反倒容易引起視覺疲勞，從這一點上講又十分不利於行車安全。專家認為，一般來說淺淡鮮亮顏色的車，相對會比深色車要安全一些。

44.

純淨水是越純越好嗎？

採用蒸餾、反滲透、離子交換等方法所生產的水稱為純淨水，水中只含有很少或甚至完全不含任何礦物質。隨著生活水準的提高，純淨水成為很多人飲水的首選。但專家表示，水並非越純越好，純淨水不應長期飲用。

由於水中的細菌、微生物都已經被除去的關係，純淨水可以生飲，而且口感較好。但對人體來說，水並非越純越好，因為水中的無機元素是以溶解的離子形式存在，較易為人體所吸收。所以水一向是人體攝取礦物質必不可少的重要途徑，但純淨水卻無法為人體提供這些礦物質。若是每天都喝純淨水，就要多補充礦物質，以及富含鈣、鎂、鉀的食物。

與純淨水相比，天然礦泉水才是健康飲水之冠。天然礦泉水中含有一定的礦物鹽或微量元素、二氧化碳，具有保健價值，是理想的人體微量元素補充劑。

睡覺和看電視 哪一個比較累？
小生活裡的大學問 Sleeping vs.
Watching TV – Which One Takes More Energy

69

45.

吃完大蒜為什麼會有味道？

因為大蒜的蒜瓣被切開或搗碎之後，會產生一種強力抗真菌和細菌的化合物，叫做大蒜素，這種物質便是生吃大蒜時辛辣感的來源。然而，大蒜素並不穩定，容易形成一些含硫化合物，這些化合物會發出刺激性的氣味。人吃入大蒜之後，大蒜素及其它降解產物就會通過消化系統進入血液，並隨著呼出的氣體或排出的汗液釋放到體外。除此之外，大蒜中的化學成分會改變人體的代謝，誘發血液中的膽固醇和脂肪酸降解。這個過程可以產生諸如丙烯基甲硫醚、二甲基硫醚，以及丙酮等物質。這些都是揮發性物質，都可經由肺臟呼出。

這就是為什麼在吃過大蒜的第二天早晨，仍會呼出蒜味的原因。而且大蒜素還會經由皮膚吸收，所以並不是一定非要吃大蒜才會呼出帶有大蒜味的氣息，只需用大蒜擦塗在皮膚表面，便足以產生帶有蒜味的呼吸。

46.

坐飛機時為什麼會發一些小零食？

坐飛機時會得到小零食的目的，其實是為了在飛機起降時保護旅客耳膜免受損害。

當飛機上升時，外界氣壓降低，客艙內的氣壓也會逐漸降低，這時中耳腔便會形成正壓。由於歐氏管（又稱咽鼓管）具有自動調節的功能，正壓氣體會退出中耳腔，達到內外氣壓平衡。所以飛機在爬升時，耳壓感覺並不明顯。

當飛機下降時，中耳腔便會形成負壓。但歐氏管只具有單向活門的作用，所以在飛機下降的過程中，往往不能有效地調節氣壓，於是人體便會感到耳壓和不適。如果在這個時候咀嚼食物，喝些飲料，做些吞咽動作，或是嘴巴一張一合做出類似打呵欠的動作，就會促使歐氏管開放，讓內外壓力得到平衡。

由此可知，在飛機下降的時候，嘴裡咀嚼一些零食，就可以有效防止耳膜受損。

睡覺和看電視 哪一個比較累？
小生活裡的大學問 Sleeping vs.
Watching TV - Which One Takes More Energy

71

47.

為什麼不應該經常戴太陽鏡？

市面上流行各式各樣的太陽鏡，很多人不分晴天、陰天都戴著，當做造型的一部分。但是眼科專家認為，長期戴太陽鏡會使視覺對太陽光的反應遲鈍，並減弱眼睛的分色能力。一下子摘掉太陽鏡時，意外的光輻射容易使人感到頭昏眼花，猶如置身另外一個世界。至於淺色鏡片，顏色固然淺一些，但是仍會使可視光線大大減弱，這就等於自我降低視力。可見，長時間戴太陽鏡不僅不能保護眼睛，還會傷害眼睛。

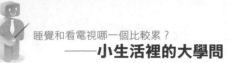
48.

枕邊放什麼可以助眠？

　　在現代忙碌社會中，失眠已經成為一項文明病，如果你也很不幸地加入「失眠一族」，不妨利用一下身邊隨處可見的物品，也許可以幫助你擺脫失眠的困擾。

　　洋蔥和生薑的氣味具有安神的作用，可以使大腦皮層受到抑制，對治療失眠有很好的效果。失眠的時候，取洋蔥適量，洗淨後搗爛，把洋蔥泥置於小瓶內，蓋好蓋子，睡前稍為打開聞其氣味，10分鐘後即可安然入睡。也可以將15克左右的生薑切碎，用紗布包好置於枕邊，聞其芳香氣味，幾分鐘後也可安然入睡。經常使用這兩種方法，睡眠品質就會得到明顯改善。

睡覺和看電視 哪一個比較累?
小生活裡的大學問 Sleeping vs.
Watching TV—Which One Takes More Energy

73

49.

既然蒸汽有100℃，那為什麼洗蒸氣浴不會燙傷？

把人扔到100℃高溫的開水裡，肯定會被燙死。那麼，水倒入蒸氣浴中的石頭，既然會蒸發成蒸汽，一定也達到了100℃，會燙傷人嗎？答案是「不會」。

同樣都是100℃高溫，為什麼差別這麼大呢？主要原因是濕度不同的關係。在開水的濕度裡，熱傳導率很高，所以人被會燙傷。但蒸氣浴的濕度卻只有10%，熱傳導率比較低，加上人在蒸氣室裡也會流汗，汗水汽化散熱也能同時調節體溫，所以皮膚不會怕蒸氣浴。

50.

為什麼下雨天睡得特別香？

　　下雨天躺在床上，聽著窗外滴滴答答的雨聲，不一會兒就會覺得睡意漸濃，很快進入夢鄉。坐火車旅行，剛上車時還有興致欣賞窗外的景色，但聽著火車駛在鐵軌上單調而有節奏的聲響，就會漸漸感到睏倦。乘火車容易覺得睏，下雨天睡覺比較香，這是為什麼呢？

　　因為大腦皮層在受到單一且有節奏的長期刺激後，會造成深度的抑制，身體各部位的興奮度隨之降低，這種深度抑制漸漸由大腦皮層擴散到皮質下部位，引起睏倦，並逐漸使人進入睡眠狀態。所以在治療失眠時，也有類似這樣的單一聲音刺激法理論。

睡覺和看電視 哪一個比較累？
小生活裡的大學問 Sleeping vs.
Watching TV — Which One Takes More Energy

75

51.

在火車上睡覺頭朝哪個方向比較好睡？

根據科學分析，頭部最好朝向走道這一端。這是因為，火車車輪在鐵軌上行進時會發出有節奏的震動和金屬撞擊聲，如果頭朝窗戶，就恰好枕在車輪那一方，震盪和撞擊聲比走道那一側較大。另外，由於離心力的緣故，火車經過彎道時，頭部很容易撞到車廂。

52.

傳統理髮店門口為什麼總是會有三色柱標誌？

　　理髮店三色柱標誌的由來有許多種說法，其中一種是這樣的。

　　在中世紀時的西歐，人們認為身體之所以生病，主要是因為體內的元素不平衡。只要引出多餘的「元素」，就可以恢復健康。在當時血液被認為是最容易引出的一種元素，因而歐洲人認為「放血是康復之始」。但那個時代的醫師認為這個行為是下等人才會做的事，既然真正醫師不願執行，便轉而請理髮師來做，於是理髮師就成了業餘的外科醫師。

　　到了1540年，經英格蘭國王批准，成立了理髮師、外科醫師聯合會，並為此舉行了莊嚴的儀式，由國王親自把批准書交給聯合會主席維凱瑞。從此，理髮師便正式打出外科醫師的牌子，並以三色柱作為他們行醫和理髮的標誌。三色柱中的紅色代表動脈，藍色代表靜脈，白色代表紗布。直到1745年，英王喬治

睡覺和看電視 哪一個比較累？
Sleeping vs.
小生活裡的大學問 Watching TV─Which One Takes More Energy

77

二世敕令成立皇家外科醫學會，從此外科醫師便與理髮師分家了，但理髮店門前的三色柱卻一直沿用了下來。

　　世界各國的理髮店因為這種花柱很好看又醒目，便紛紛仿效。到了現代，由於招攬顧客的需要，理髮店門口已不一定會用這種三色柱了。

53.

每天注入飲水機的水都是乾淨的，為什麼還要定期用水清洗？

　　飲水機長時間使用卻沒有定期清洗，久而久之內膽裡的舊水積存，飲水機就成了滋生細菌的溫床。這些細菌被人飲用下肚之後，可能會引起消化道、泌尿道和神經系統的多種疾病。因此，在換上新的桶裝水之前，應該先清除飲水機內的舊水。如果是自動飲水機，就應該定期請專人清洗，才能確保健康。

睡覺和看電視 哪一個比較累？
小生活裡的大疑問 Sleeping vs.
Watching TV - Which One Takes More Energy

79

54.

反覆燒開的水對身體好嗎？

　　燒開的水變冷之後又反覆燒開，這樣的水可能導致水內的硝酸鹽轉化為亞硝酸鹽，亞硝酸鹽對人體來說是一種很強的致癌物質，長期引用有損健康。然而這也是因為水體內部原來就含有硝酸鹽的關係，現代自來水廠的淨水設備，多半已經能夠把大部分的硝酸鹽和亞硝酸鹽過濾掉。因此關於「千滾水」是不是能夠飲用，人們其實不需要太過擔心。

55.

坐雲霄飛車的時候，哪個位置最刺激？

　　大部分人都說，坐雲霄飛車最刺激的當然是第一排，因為看前面看得最清楚，所以最恐怖。其實不然，最恐怖的位置當屬最後一排，其中玄機就在雲霄飛車急速往下衝的時候。

　　雲霄飛車爬上斜坡時，前排座位最先過頂點也會最先往下走，這時最後一排還在爬坡，整座雲霄飛車因為要拖著後面的車廂走，所以速度還不是最快的。等後排到達頂點後，整座雲霄飛車才開始加速。這時前排大概都已經下到一半了，再衝也衝不了多遠，真正從頂點開始接受到全程強烈衝擊的，其實是最後一排。

　　所以如果你喜歡刺激，記得要搶最後一排；如果想要刺激又有點害怕，那就乖乖坐到第一排吧。

睡覺和看電視 哪一個比較累？
小生活裡的大學問 Sleeping vs.
Watching TV — Which One Takes More Energy

81

56.

水有生命嗎？

水當然是有生命的，這一點毋庸置疑。水是一種無機物，其生命體一樣也有衰老的過程。水分子具有活性，分子之間存在著鏈性結構，當水不經常運動時，這種結構就會慢慢擴大延伸，使水不斷地「衰老」，最終成為「死水」，即老化水。水一般都含有極少的亞硝酸鹽，老化水的亞硝酸鹽含量則會大大增加，而這種物質會進一步轉化為致癌物質亞硝胺。所以，飲用老化水會使人的新陳代謝減慢，引起早衰。

桶裝或瓶裝飲用水，多半會透過各種工法將其中的雜質濾掉，水中的礦物質和微量元素含量少了很多，長期飲用可能會使人體微量元素流失。另外，桶裝或瓶裝的飲用水存放過久，因為瓶體材質或是運送環境的關係，可能會釋出某些有毒物質，或是在瓶中細菌滋生。所以長期飲用桶裝或瓶裝的純淨水，對身體健康相對較為不利。

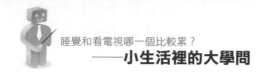
57.

邊看電視邊喝茶好嗎？

　　電視機開機後，螢光幕會放出對人體有害的輻射線，所以看電視時不宜距離電視機太近。另外，最好是邊看邊飲茶，因為茶能降低這種輻射線的危害。

　　茶葉裡含有大量的脂多糖，對人體的造血功能有顯著的保護作用，它不但能降低輻射的侵害，還可增加體內的白血球。此外，如果連續看4～5個小時的電視，人的視力會暫時減退30%。而茶葉中豐富的維生素A，能在視網膜內與蛋白質合成視紫質，有助於提高視網膜的感光調節功能。

睡覺和看電視 哪一個比較累？
小生活裡的大學問 Sleeping vs.
Watching TV —Which One Takes More Energy

83

58.

在百貨公司乘手扶梯快還是乘電梯快？

到底是搭乘手扶梯快還是乘電梯快呢？相信這個問題很多人都曾想過。單純就速度而言，搭乘電梯當然是比較快的，但以整體來說，還必需加上等待的時間一起計算才合理。

根據日本作家倔井憲一郎的調查發現，從不同樓層搭乘手扶梯或電梯，會有不同的結果。若從1樓到6樓之間搭乘，手扶梯是比較快的，因為無需等候；在7樓到9樓之間搭乘，若是碰上電梯及時到達或剛好沒有人，這時才會比較快；若是從10樓以上樓層搭乘，則電梯較快的機率高達75%。

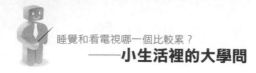
59.

下水道的蓋子為什麼幾乎都是圓形的？

　　下水道的蓋子幾乎都會做成圓形，除了因為圓形的承受力比較均勻之外，下水道出入孔必需留出足夠一個人通過的空間，而順著梯子爬下去的人體橫截面也是近似於圓型。另外，同樣的面積，圓形所使用的周長最少，而且所有的圓形只要半徑相同，就能通用安裝。

睡覺和看電視 哪一個比較累？
小生活裡的大學問 Sleeping vs.
Watching TV — Which One Takes More Energy

85

60.

為何紙幣上有號碼而硬幣上沒有？

　　各國鈔票的發行都必需考量其國內黃金存量和外匯存底的比例，目的是要控制好貨幣的總量，以免造成貨幣貶值，導致通貨膨脹。所以必需在外匯存底達到一個固定的數目之後才能發行，並且在鈔票上面以不重複的編碼來計算發行量。

　　另外，紙幣持有人只要到發行銀行，銀行就有責任給予紙幣持有人「憑票即付」等值的外匯，所以紙幣編號也是用來作為統計和防偽的依據。

　　至於硬幣的發行，只是為了方便民眾日常交易中作為找補之用，並不需要外匯存底的支持，在國際上也不能用做貨幣兌換。硬幣如果不再使用，便沒有了法定價值。也由於沒有「憑硬幣即付」的承諾，所以硬幣也沒有編碼的需要。

61.

搭火車時車票為什麼要剪口作記號？在車上又為什麼要驗票？

在旅客進入車站月台時，驗票人員都要在火車票上用特製的剪子剪一個小口，或是將票插入驗票機，從另一端退出來的車票就會多一個小孔。而且上了車後，列車長也會不定時的到車廂中驗票，這是為什麼呢？

這是為了防止旅客買錯票、上錯車。另外因為搭乘不同等級的車次票價不同，也可以防止有心人逃票，造成營運損失。就旅客保障的角度來看，一旦通過驗票口的閘門進入候車處、月台或車廂等地方，萬一不幸發生意外，就可以依法獲得理賠。這就是驗票的意義。

睡覺和看電視 哪一個比較累？
小生活裡的大學問 Sleeping vs.
Watching TV - Which One Takes More Energy

87

62.

關閉電腦螢幕後，還會有輻射線嗎？

　　傳統CRT電腦螢幕的輻射就像彩色電視機一樣，在關掉的一瞬間和開機的一瞬間輻射最大，因此在關掉顯示器短時間內還會有一點輻射。因為這類螢幕的作用原理來自電腦內部的高壓泡和電子槍打擊螢幕發出光束，在關掉螢幕後短期內還存有餘電，所以也存在輻射線。

　　至於現在廣泛使用的LCD螢幕輻射線則是小到幾乎可以忽略。所以在選購LCD螢幕時，反而應該從螢幕的對比度、亮度、清晰度，以及是否出現炫光和反光的狀況來考量，因為這些才是傷害眼睛與否的因素。

63.

過期的牛奶能不能用來護膚？

　　很多人利用過期的牛奶來護膚，這樣做確實是有效果的。過期牛奶會產生乳酸，這種乳酸屬於果酸的一種，可以軟化角質，具有保濕的作用。

　　實際上最早發現過期牛奶可以護膚的人是埃及豔后。喜歡用鮮奶沐浴的她，發現用過期發酸的牛奶沐浴後皮膚更滑更細。這些壞掉的牛奶之所以能夠護膚，除了其中所含的乳酸之外，還含有脂肪的關係。全脂牛奶的護膚效果比脫脂牛奶更佳，就是因為脂肪含量較多。過期牛奶所產生的乳酸菌，並不會因脂肪含量而有所影響。

　　一瓶過期牛奶倒進浴缸，因為經過稀釋，效果可能較差。建議先行塗抹全身，等待5至10分鐘之後再泡進浴缸，這樣效果較佳。另外乳酸菌並不會造成泌尿道感染，不需要擔心。

　　那麼浸泡奶粉是不是也有同樣的效果？專家稱，奶粉的成份經過乾燥之後乳酸菌較少，護膚的效果不

睡覺和看電視 哪一個比較累？
小生活裡的大疑問 Sleeping vs.
Watching TV - Which One Takes More Energy

89

如鮮奶。

　　要注意的是，過期的牛奶如果已經結塊，就不能使用了。因為乳酸不會結塊，會結塊的是牛奶蛋白。結塊的過期牛奶對於去角質或是保濕並沒有任何效果。

64.

禮物標籤總是很難撕乾淨，該怎麼辦？

　　送人禮物當然不能讓對方看到價格，所以一定要撕掉標籤，可是很多價格標籤總是很難撕乾淨，這時可用吹風機吹熱再撕，就可以很輕鬆地撕下來，不留一點痕跡。

PART 2

地球正在發胖嗎？
──說說地球的小秘密

睡覺和看電視 哪一個比較累？
小生活裡的大學問 Sleeping vs.
Watching TV – Which One Takes More Energy

91

65.

為什麼海水是藍的？

天空是藍色的，因為氧原子核中，質子的振動頻率與陽光中藍色光的振動頻率相同，振幅疊加使得氧原子顯現藍色，因此天空便會呈現出藍色。但這個原理與海水是藍色的有什麼關係呢？

海水的基本成分是水，水分子是由兩個氫原子和一個氧原子組成的。前面說到氧原子核中，質子的固有振動頻率與陽光中的藍色光頻率一致，振幅疊加才使得氧原子顯現出藍色。而氫在氣態和液態時都是無色的，若是固態的氫則會呈現白色雪花狀。雪花狀的固態氫因為有著多個結晶面，每個結晶面都具有反射光線的能力，使得固態氫看似白色，因此所謂白色的固態氫，也可以理解成無色。這個道理就好像水是無色的，而雪花是白色的一樣。

水分子既然是由兩個氫原子和一個氧原子組成的，藍色的氧與無色的氫疊加在一起，當然會顯現藍色，所以海水便會呈現藍色的樣子了。

66.

海水中的鹽來自何處？

　　大家都知道海水是鹹的，可是科學家們認為，海水並非一開始就是鹹的。由於地球上的水會不停地循環，據統計，每年從海洋表面蒸發的水分有1.25億噸之多。這1.25億噸的水，又會變成雨降落到陸地上每個角落，在過程中不斷地破壞岩石，沖刷土壤，把岩石和土壤中的可溶性物質（絕大部分是鹽類物質）帶入江河，最後江河百川回歸到大海。

　　就這樣，海洋源源不斷地從陸地上得到鹽類物質，但在海水的蒸發過程中，這些鹽類卻不能隨水蒸氣升空，只能留在海洋裡。如此周而復始，日積月累，海洋中的鹽類越來越多，經過幾百萬年甚至更長的時間之後，海水中累積起來的鹽分就十分可觀了。

　　既然海水中含有這麼多鹽分，而且還在不斷地從陸地獲得鹽類物質，那麼海水是否會越變越鹹？會不會將所有的海洋生物都鹹死呢？

　　根據科學家們的研究發現，陸地可溶性物質不斷

睡覺和看電視 哪一個比較累？
小生活裡的大疑問 Sleeping vs.
Watching TV – Which One Takes More Energy

93

進入海洋，達到一定濃度後，便會互相結合成不溶性化合物，沉入海洋底部。就像明礬能沉積水中的雜物那樣，使海水變清徹。還有一些物質雖然本身是可溶的，卻會與海底的物質結合起來。此外，許多物質還會被各種海洋生物所攝取，海洋生物死去之後，這類物質就會隨屍體沉入海底。此外，狂風巨浪也會把海水捲到陸地上，海水中溶解的鹽分也隨之上岸，這也是鹽分回歸陸地的途徑之一。

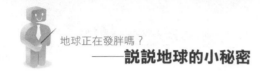

67.

大海的水來自哪裡？

　　海洋總面積占了地球表面近3/4，地球總水量中就有96.53％是海水。海水可說是地球上水的主體。那麼，海水從何而來呢？

　　科學家對此觀點不一，其中一個說法是這樣的。水原本就是地球上存在的物質，地球從原始太陽星雲中凝聚而成以後，便攜帶了這部分的水。

　　起初水是以結構水、結晶水等形式存在於礦物與岩石中。由於地球重力的作用，岩石彼此相互擠壓，在地下被擠壓出的水汽越積越多，不斷聚集匯合，使新生地球發生大規模的地震，引起猛烈的火山爆發。這時，受到擠壓的大量水汽隨著地震及火山爆發從地殼中呼嘯而出，進入空中遇冷凝結，先變成雲，再變成雨降落到地面，彙集到原始的窪地中，形成最早的江河湖海。

睡覺和看電視 哪一個比較累？
小生活裡的大學問 Sleeping vs.
Watching TV – Which One Takes More Energy

95

68.

火山可分為哪幾類？

　　火山有很多種，根據活動情況可以分為死火山、休眠火山和活火山三大類。活火山指現在尚處於活動中或有週期性噴發活動的火山，這類火山正處於活動的旺盛期。如：爪哇島上的默拉皮火山，自本世紀以來，平均每隔兩年就會持續噴發一段時間。臺灣的大屯火山群主峰為七星山，過去被認定為休火山，但因目前已知最後一次活動可能在5000年前，符合國際火山協會「活火山」的定義。至於大陸，僅1951年在新疆崑崙山西段于田的卡爾達西火山群有過火山噴發記錄。

　　休火山是指有史以來曾經噴發過，但長期處於相對靜止狀態的火山。此類火山大都保存著完好的火山錐狀態，仍具有活動能力。比如：中國長白山的天池，曾於1327年和1658年兩度噴發，在此之前還有多次的活動記錄。目前雖然沒有噴發活動，但從山坡上的噴氣孔中不斷噴出高溫氣體來看，該火山仍處在休

眠中。

　　死火山指史前曾噴發過，但在人類有史以來從來沒有活動過的火山。此類火山因長期沒有噴發，已喪失活動能力。有的死火山仍保持著完整的火山形態，有的則因為風化侵蝕，只剩下殘缺不全的火山遺跡。

睡覺和看電視 哪一個比較累？
小生活裡的大學問 Sleeping vs.
Watching TV — Which One Takes More Energy

97

69.

為什麼海水不容易結冰？

北緯30度以北的湖泊，冬天多半會出現結冰現象。但是北緯60度以南的海面上幾乎很難見到結冰的海面，可見海水若要結冰，比淡水要困難得多。

首先，因為海水含鹽度很高，這一點使得海水的冰點降低。淡水的冰點是0℃，若是含有10%鹽度的水，冰點則會降為-0.5℃；而含35%鹽度的水，冰點則是-1.9℃。地球各大洋的平均鹽度為34.48%，因此海水的冰點大約就在-1.9℃左右。

其次，純水在4℃時密度最大，而海水的密度則會隨鹽度增加而降低。密度降低的速度比冰點隨鹽度增加而降低的速度快，所以當海水達到冰點時，密度多半尚未達到最大的程度，因而海水的對流作用並不停止，使得海水結冰的過程更加困難。

此外，海洋受洋流、波浪和潮汐的影響很大，這些因素一方面加強了海水的對流作用，一方面也使得冰晶難以形成。

　　以上種種，都不利於海冰的形成和發展。而且海洋難於封凍這一點，對世界氣候大有好處，能夠使得氣候更加溫暖濕潤，適於生物的生存。

70.

世界上哪個國家沒有河流？

　　水是構成生命的三要素之一，但並非世界上所有的國家都有河流喔。

　　所謂的「無流七國」，即沙烏地阿拉伯、阿聯酋、卡塔爾、阿曼、葉門、土耳其、科威特。這七個國家境內連一條河流都沒有，所以又被稱為無流國。分佈的區域就在西亞和北非，屬熱帶沙漠氣候。

睡覺和看電視 哪一個比較累？
小生活裡的大學問 Sleeping vs.
Watching TV - Which One Takes More Energy

99

71.

為什麼海水總是那麼滿？

　　海洋一年四季都是波濤洶湧，為什麼水量總是沒少過呢？原來，海水有一個永恆循環的過程，每年從海洋上蒸發到空中的水量可以達到447,980立方公里，這些水之中大部分直接落回海洋，極少部分則是降落在陸地上，又從地面或者經過地下流回海洋。如此循環往復，所以海洋裡的水總是那麼滿。

72.

海和洋是指同一回事嗎？

　　海和洋在形態和特徵上都有許多不同之處。洋是指海洋的中心部分，海則是海洋的邊緣部分。

　　洋的面積比較大，水也比較深；洋的水呈藍色，而海的水並不見得都是藍色；洋有獨立完整的洋流系統，而海則幾乎沒有。此外，洋的鹽度和透明度幾乎不變，海的鹽度和透明度則會隨季節變化而變化。所以，海和洋是不一樣的。

睡覺和看電視 哪一個比較累？
小生活裡的大疑問 Sleeping vs.
Watching TV – Which One Takes More Energy

101

73.

天氣悶熱是因為氣溫高的關係嗎？

　　每年一到伏天節氣，人們便感到天氣非常悶熱，許多人認為這是氣溫升高的原因所致。其實，天氣悶熱不僅和氣溫有關，還與空氣相對濕度有關。

　　經過氣象學家們測定證實，當氣溫在30℃～35℃之內，空氣相對濕度在33%～35%之間，這時體感溫度還在人類可忍受的範圍之內，不會感到悶熱。但是，當氣溫依舊保持在30℃～35℃，而空氣相對濕度卻更大之後，體感溫度便會有悶熱的感覺了。這是因為當空氣相對濕度大到一個程度之後，汗腺會變得難以排汗。在汗液的蒸發散熱過程遲緩的條件下，人們就會覺得悶熱難忍。

　　所以在防暑工作中，不僅要注意氣溫的高低，還要關注空氣的相對濕度。

74.

立春就表示春季開始的意思嗎？

春天是個鳥語花香的季節。春神腳步走過的地方，冬天的蕭條都會一掃而空，顯得生機盎然。每年2月4日左右是二十四節氣中的立春，按照民間的習慣，立春表示春季的開始。

但是全世界幅員遼闊，各地所處的緯度、距離海洋遠近、地勢高低、和受大氣環流的影響都不同。因此，各地區春季開始的時間，並不都是以立春為準。

睡覺和看電視 哪一個比較累？
小生活裡的大疑問 Sleeping vs.
Watching TV — Which One Takes More Energy

103

75.

為什麼山間會出現瀑布？

　　山谷間有許多或大或小、或高或低的瀑布。這是為什麼呢？瀑布大都是出現在山間峽谷地形，若是在地質構造穩定、地形變化不大的地區，一般不會出現瀑布。瀑布的成因並不相同，大多數瀑布是因為河床底部岩石質地不同，在河水長期流經侵蝕之下造成的。較堅硬的岩石受到水流沖蝕的程度較小，但較鬆軟的岩石則會因沖蝕而改變形狀，使得河道中的水流落差增大。在河水不斷翻滾侵蝕之下，落差越變越深，此時河水流過，就形成了瀑布。

　　另外有些瀑布的成因則是河流流經的區域本身地勢高低變化就很大，如：高原、山地等，地形支離破碎，河床就會像台階一樣，一級一級地落下。河水穿流在這樣的地形中，自然會出現一個又一個的瀑布。

　　世界著名的大瀑布很多，如：美國和加拿大之間的尼加拉瓜大瀑布，非洲尚比亞和辛巴威之間的維多利亞瀑布，都很有名。

76.

黑海是海嗎？

　　黑海位於歐亞大陸之間，長1200公里，平均寬320公里，海岸線總長7000公里，面積達到37.1萬平方公里。在地圖上的形狀就像一個大大的「S」。

　　人們把黑海稱為「海」，是因為它過去確實是大海的一部分，後來因為地殼變動的關係，才和大海分離，成為現在的樣子。此外，黑海也具有許多海的特徵，比如：水深面積大；水中動植物種類跟海洋裡的動植物差不多；常有與海一樣的狂風巨浪。因此，在人們的印象中，黑海就是海，是一個內陸海。

　　只是這座內陸海在接近海面的地方鹽度較小，這一點阻止了上下水層的交換，使得深層海水嚴重缺氧。這個缺氧的海洋系統，只有厭氧的微生物可以生存。

睡覺和看電視 哪一個比較累？
小生活裡的大學問 Sleeping vs.
Watching TV—Which One Takes More Energy

105

77.

為什麼有的地方「久旱盼太陽」？

有一句老話叫做「久旱逢甘霖」，意思是說在天旱的時候，人們特別盼望降雨，滋潤大地，解除旱象。但是有一個地方的人非常特別，在天旱的時候，他們不但不渴求下雨，反而希望出現更火熱的太陽。這個奇特的地方就是新疆的南疆地區。

原來在南疆遇到天旱時，主要水源就是高山融雪滲入地下而成的地下水。所以這兒的人們在天旱時總是盼望太陽再大一點，以增加積雪融化的量。

78.

成年人還可以再長高嗎？

　　青少年時期正是身體發育成長的時候，一般到了成年就不會再長高。奇怪的是，有個地方叫馬提尼克島。島上的居民都長得很高，從別處來此旅遊的遊客，只要在島上住過一段時間，身形也會長高幾公分。所以，這座島被人們譽為「能使人長高的島」。

　　如果說小島居民們的身高與他們長時間接觸當地的水土有關，那麼來到島上旅遊的外地成年人在此居住過一段時間後也會長高，這一點就更令人驚奇了。

　　這對部分總是覺得自己不夠高的人來說，顯然是個「福音」。因此，馬提尼克島每年都吸引了無數的遊客前往。若是有矮個子來到這個島，總是希望能夠住上一段時間，看能不能長高幾公分。人們戲稱馬提尼克島為「矮子的樂園」。

睡覺和看電視 哪一個比較累？
小生活裡的大疑問 Sleeping vs.
Watching TV—Which One Takes More Energy

107

79.

世界上最冷的地方在哪裡？

就地球上有人類居住的地方而言，最冷的地方是在俄羅斯西伯利亞東北部的維爾霍揚斯克和奧伊米亞康地區，全年平均氣溫在-15℃左右，冬季三個月的平均氣溫是-40℃左右，一月份最低溫度更達-70℃。

這兩個地區之所以如此低溫，起因於緯度和地形的關係。因為這兩個地方都處於谷地，東、西、南面都被山脈包圍，所以暖空氣都被擋在外面，而北面朝向北冰洋敞開，冷空氣從北面長驅直入致使這兩個地方的氣溫特別低。

然而單就溫度而言，真正世界最低溫應屬冰封的南極洲，量測最低溫度達到-90℃左右。

80.

為什麼夏天比較常看見彩虹？

雷雨過後，夏季的天空中常常會出現美麗的七色彩虹，彩虹是太陽光透過水氣發生折射與反射引起的現象。

夏天雷陣雨的時間多半不長，範圍也不大，有時甚至太陽還掛在天空中。當太陽光經過水氣反射和折射後，彩虹便出現了。

而冬天天氣較寒冷，空氣相對乾燥，陽光也較少出現，所以形成彩虹的條件相對較為不足。

睡覺和看電視 哪一個比較累？
小生活裡的大疑問 Sleeping vs.
Watching TV - Which One Takes More Energy

109

81.

海洋和陸地，哪一個最早出現？

46億年前，地球表面被經過分解的岩石物質所覆蓋，形成一層柔軟的「陸地」。又過了幾億年，從地球內部噴發出來，並把地球包裹起來的水蒸氣以鹽酸水的形式慢慢積存在陸地上相對凹陷的地方，形成地球上最初的「海洋」。所以陸地較海洋早出現。

82.

地球的自轉正越變越慢嗎？

　　40多年來，科學家們一直都是用精確的雷射測距儀來測定月球和地球之間的距離，兩者的平均距離增加了約1.5公尺，表示月球正在以每年約3.8公分的速度遠離地球。原因正是地球的自轉速度正在逐漸減慢中。

　　地球的組成不完全是固體，地幔中存在著液態和半液態物質，地殼上方則有水和空氣。這些物質的型態較為「自由」，地球帶動這些物質旋轉，肯定會產生摩擦，這種摩擦力就會消耗地球的旋轉動能，使地球自轉速度變慢。

　　潮汐是地球自轉變慢的最主要原因，它和月球引力有很大關係。根據平衡潮理論，如果地球完全由等深海水所覆蓋，用萬有引力計算，月球所產生的最大引潮力可使海平面升高0.563公尺。換句話說，月球每天都在吸引著海水摩擦地球，讓地球的轉速變慢。這就好比用抹布擦拭旋轉中的地球儀，並使地球儀的

睡覺和看電視 哪一個比較累？
小生活裡的大疑問 Sleeping vs.
Watching TV—Which One Takes More Energy

111

轉速變慢的道理一樣。

　　根據大約5億年前二枚貝類化石上的條紋，科學家發現，那時候地球一天只有21小時，1年約有410天。根據角動量守恆定律，在沒有外力的作用下，一個旋轉系統的動量總和是不變的。

　　另外如果月球和地球距離不變，地球旋轉速度降低就會使得整個系統的動量無法守恆，所以月球一定會遠離地球。

83.

為什麼西伯利亞的房子屋頂都是歪斜的？

聽到西伯利亞大家第一個印象就是白雪皚皚。因為這裡地處高緯度的寒帶地區，月平均氣溫在-45℃以下，最低還曾達到-71℃，下雪可是稀鬆平常的事情，積雪高度甚至可能使人寸步難行。

那麼，這麼多的雪若是積在屋頂上，想必頗有重量。就像經常下雨的區域，房子屋頂一定會留有排水設備一樣，在西伯利亞這樣經常下雪的區域，屋頂當然也必須設有排除積雪的機制，以免雪過重把房屋壓垮。

於是便逐漸發展成斜斜的屋頂，當積雪達到一定重量之後，就會自然掉落到地上。這就是西伯利亞房子屋頂總是蓋成斜斜的原因。

睡覺和看電視 哪一個比較累？
小生活裡的大疑問 Sleeping vs.
Watching TV - Which One Takes More Energy

113

84.

世界最危險的道路有哪些？

世界財經報導曾經研究過世界上最危險的道路分別如下：

玻利維亞的雲駕路，又被當地人叫做死亡之路。這條路位於玻利維亞的安地斯，全長約70公里，下方是800公尺的深淵。這條路上幾乎每兩個星期就會發生一起交通事故，每年大約有200人因此而喪生。

另外就是中國大陸太行山上的郭亮隧道，隧道壁鑿有約30個大小形狀不同類似山洞形狀的側窗，從側窗向下看就是懸崖峭壁。

另外中國大陸華山的長空棧道，是登山健行最危險的步道，只要看過電視介紹的人，一定會震懾於其壯麗及刺激。

還有位於俄羅斯的西伯利亞路。這條路之所以入榜，並非其地勢險要，而是因為極度的泥濘難行。有人形容這條路到了雨季，幾乎可以「吞下」各種汽車。

85.

地球每年總共會發生多少次地震？

　　地球內部的構造很複雜，簡單而言從地表到地球中心，主要可分為地殼、地幔、地核三個圈層。地震起因於地球內部緩慢累積的能量突然釋放，連帶引起地球表層的振動。

　　其實，地震有大有小。平均而言，全球每年大概會發生十幾萬次的地震，幾乎每4分鐘左右就發生一次。絕大部分地震都比較小，7級以上的大地震平均每年大約會出現30次左右。

睡覺和看電視 哪一個比較累？
小生活裡的大學問 Sleeping vs.
Watching TV—Which One Takes More Energy

115

86.

聽說在馬德里連空氣中都飄著古柯鹼，真的嗎？

如果有人告訴你馬德里連空氣中都飄著毒品，你會有什麼樣的反應？在西班牙，長久以來都面對著空氣污染的問題，根據科學家研究發現，這個國家上空所漂浮的物質裡不僅有煙霧，居然還有毒品。

在馬德里和巴賽隆納的空氣品質檢測站發現，這兩個城市的空氣中除了含有古柯鹼外，還含有鴉片、大麻及搖頭丸。這些資料取樣的地點，多半來自販毒比較嚴重的地區。

但是打算去西班牙旅遊的遊客其實無須擔心，因為即使我們能活1000年，經由呼吸空氣所攝入的毒品劑量，也是小到幾乎可以忽略的。

87.

龍捲風旋轉的方向是隨機的嗎？

　　龍捲風都是朝著同一個方向轉動的嗎？如果不是，那麼它跟什麼有關係？是否南北半球旋轉的方向不一樣？

　　龍捲風是一種強烈的、小範圍的空氣旋渦，在極不穩定天氣條件下，因為空氣強烈對流運動而產生的。由於地轉偏向力（就是科氏力沿地球表面方向的一個分力）的影響，龍捲風在北半球是逆時針旋轉，到了南半球則是順時針旋轉的。但是龍捲風基本上只會發生在北美洲，尤其在美國境內，所以當地的龍捲風都是逆時針旋轉的。

睡覺和看電視 哪一個比較累？
小生活裡的大學問 Sleeping vs.
Watching TV—Which One Takes More Energy

117

88.

世界上最缺水的國家是哪個國家？

　　據統計，目前世界上最缺水的國家有20個。在最缺水的國家中，馬爾他每年每人平均可用水量只有82立方公尺，其缺水程度位居缺水國家之首。若是以聯合國的人口預測為基礎，西元1995年位居第四大缺水國的利比亞，到了西元2050年將躍升缺水國家之首，每年每人平均可用水量僅有31立方公尺。屆時，人口增長速度不那麼快的馬爾他，則會退居第四大缺水國，預測平均可用水量為68立方公尺。

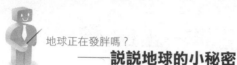

89.

世界上的「風極」在哪裡？

南極的維多利亞地區有一個巨大谷口，一年365天中，天天都是狂風怒吼。那裡年平均風速為每秒19.4公尺（相當於8級大風，小樹枝被吹折，步行不能前進）。有時突然刮起的狂風風速更是大得驚人，每秒可達90多公尺，換算即每小時324公里（可達到中度颱風標準的風速，每小時也只有117公里）。上千公斤重的物體，在這樣巨大的風速下也會被吹到空中亂舞。因此人們稱之為世界的「風極」。

睡覺和看電視 哪一個比較累？
小生活裡的大疑問 Sleeping vs.
Watching TV ─ Which One Takes More Energy

119

90.

為什麼北極沒有企鵝？

　　北極和南極的氣候同樣酷寒，但北極為何沒有企鵝呢？實際上很久以前，「北極大企鵝」也曾在北極生存過，只是現在已經滅絕了。

　　「北極大企鵝」身高60公分，頭部為棕色，背部羽毛呈黑色。它們生活在斯堪第納維亞半島、加拿大或是俄羅斯北部的海流地區，以及所有北極和亞北極的島嶼上，數量曾有幾百萬隻之多。

　　大約1000年前，北歐海盜發現了大企鵝之後，便是大企鵝厄運的開始。到了16世紀之後，北極探險熱興起，大企鵝更成為探險家、航海者以及當地土著居民競相捕殺的對象。長時間狂捕濫殺的結果，導致北極大企鵝滅絕。

　　如今在南極一帶生活的企鵝，其祖先管鼻類動物是從赤道以南的區域發展起來的。

　　科學家推測，企鵝之所以沒有向北挺進到北半球的原因，可能是牠們忍受不了熱帶地區的溫暖海水。

牠們的分佈範圍最北界與年平均氣溫20℃線非常一致，足以證明溫暖的赤道水流和較高的氣溫形成企鵝無法北遷的天然屏障。

91.

中國大陸的中心在哪裡？

中國大陸的中心就在蘭州市附近，已經緯度而言，約在北緯36度、東經105度的地方。但是若將海洋範圍也囊括進來計算的話，中國大陸的幾何中心位置應該位於西安市以北約60公里處。

睡覺和看電視 哪一個比較累？
小生活裡的大疑問 Sleeping vs.
Watching TV - Which One Takes More Energy

121

92.

世界上最乾淨的城市是哪裡？

　　冰島雖然地處高緯度地區，卻並非所有的地方都是冰天雪地。冰島首都雷克雅維克就是一個冬暖夏涼、氣候宜人的地方。這樣的氣候除了北大西洋暖流的影響外，更主要的是那裡的地熱資源豐富，溫泉密佈，升騰的熱氣嬝繞空中。「雷克雅維克」的本意，就是指冒煙的港灣。生活在那裡的人們，充分利用大自然所賜予的資源，從沐浴、取暖到暖房種植都依賴著地熱。

　　雷克雅維克因以地熱代替燃煤，而被譽為「無煙城市」，少了燃煤的汙染，被譽為全世界最乾淨的城市。

93.

「國際會議之都」在哪裡？

　　由於每年在日內瓦召開的國際會議最多，所以日內瓦又被稱作「國際會議之都」。

　　日內瓦可能是國際組織最多的城市，其中又以萬國宮最為有名。它是聯合國的前身——國際聯盟的所在地，現在則是聯合國駐歐洲辦事處，也是世界各種會議的中心。萬國宮的會議大廳世界聞名，大廳的門廊用芬蘭花崗岩建成，柱子和牆面用的大理石則是來自瑞典。

睡覺和看電視 哪一個比較累？
小生活裡的大學問 Sleeping vs.
Watching TV – Which One Takes More Energy

123

94.

地球正在「發胖」嗎？

第一顆人造衛星發射後不久，科學家就發現到地球並不是一顆標準的球體。地球的赤道周長略大於兩極周長，這個差異約為0.3%。簡單而言，地球可說是個水桶腰。

但其實地球已經減肥減了18000年了，在1980年代曾經利用人造衛星對地球進行更精確的測量，發現地球變得更圓了。那是因為自冰河期以來，兩極的冰帽不斷融化，使極地從千年的重壓下釋放出來，導致地層逐漸升高的關係。

然而，到了1998年美國科學家宣稱，最近4年來，這個減肥過程出現了逆轉。這是一個神奇的現象，如果有物質正被重新分配流向赤道，這些物質又是從何而來？

科學家猜測，可能是地球變暖冰帽融化，因為赤道的作用使得大量海水流向赤道地區，導致地球腰圍加粗。也有研究者認為，是因為地球金屬核運動的關

係。地球磁場每十年都會產生一次劇烈的變化，發生在1999年的那次就可能導致液態金屬由兩極轉移到赤道。

　　雖然目前無法斷定導致地球發胖的具體原因，但是可以肯定的是，地球的半徑很可能存在著波動性的變化。科學家認為這是自然環境長期變遷的現象之一，這樣的變化很可能是周而復始的。

睡覺和看電視 哪一個比較累？
小生活裡的大疑問 Sleeping vs.
Watching TV – Which One Takes More Energy

125

95.

世界上最熱的地方在赤道上嗎？

　　很多人認為赤道是世界上最熱的地方，其實世界
上有許多地方，例如中國大陸的塔克拉瑪干沙漠和非
洲的撒哈拉大沙漠，白天的最高溫度都超過45℃。為
什麼赤道地區獲得太陽的光熱最多，卻不是最熱的地
方，而某些沙漠遠離赤道，氣溫卻比赤道更熱呢？

　　原來，赤道地區大多數都為海洋所佔據，廣闊的
赤道洋面，能把太陽的熱量傳引至海洋深處。因為海
水的熱容量大，水溫升高比陸地慢；且海水蒸發必須
耗去大量的熱能。因此，赤道的溫度並不會急劇上
升。

　　但是到了大沙漠，情況就不同了。沙漠裡植物很
少，水更是不常見到。光禿禿的一片沙地，熱容量
小，所以升溫快。而且沙地傳熱慢，熱量很難向下傳
遞。再加上缺水，少了水的蒸發耗散作用，在太陽的
照射下，沙漠裡的溫度上升得非常快，就成為地球上
最熱的地方了。

96.

北極和南極一樣冷嗎？

南極的溫度要比北極冷一些，這是什麼原因呢？由於地球的南北極比地球的中低緯度地區接受的日照少，因此南北極相對來說比較冷。而且在南北極，太陽升起的高度從來就沒有超過地平線23.5度，並且每年都要經過6個月的永夜時期。除此之外，大多數的太陽光到達兩極後，就又都被兩極的冰層反射回去了。但是既然同樣位於地球的兩極，緯度也都是極南與極北，太陽照射的時間長短和角度也一樣，為什麼南極的冰卻比北極多。

在北極地區，北冰洋就占了很大面積，約1310萬平方公里。水的熱容量大，能夠吸收較多的熱量再慢慢散發出來，所以北極地區的冰比南極少，冰川的總體積只有南極的1/10，而且大部分的冰都是積存在格陵蘭島上。所以，對比於南極大陸終年被冰雪覆蓋，太陽的光和熱都被折射回去，北極地區由於海水吸收了太陽的熱量，所以溫度會比南極高。

睡覺和看電視 哪一個比較累？
小生活裡的大學問 Sleeping vs.
Watching TV — Which One Takes More Energy

127

97.

地球上空平均每秒發生多少次閃電？

　　古代人認為閃電是一種很神聖的東西。隨著科技的進步，我們對閃電已經不再陌生，但是你知道地球上空每秒會發生多少次閃電嗎？

　　據科學家測算，平均每秒鐘會發生100次閃電，這還只是會擊中地面的閃電。任何一分鐘裡，圍繞著地球共有1000多次雷暴，引起6000多次閃電，大部分都是發生在雲層裡。

98.

地球南北極磁極曾互換過嗎？

科學家們研究海底熔岩發現，過去的7800萬年中地球磁場共出現過171次倒轉。

在熾熱的岩漿中含有數以萬計的礦物質，這些礦物質就好比一個個「小指南針」。當岩漿冷卻後，這些「小指南針」就會被固定住不再發生變化。這些礦物質的「南北極」指向，就記錄了當時地球磁場的方向。根據研究指出，地球磁場平均每50萬年翻轉一次，而最近一次的翻轉就發生在78萬年前。

睡覺和看電視 哪一個比較累？ Sleeping vs.
小生活裡的大學問 Watching TV ─ Which One Takes More Energy

129

99.

距離地心最遠的地方是珠穆朗瑪峰嗎？

如果從海拔高度來看，地球上最高的山當然是喜馬拉雅山的珠穆朗瑪峰。但是，如果計算從地心到峰頂的距離，那麼地球上的最高點並不是珠穆朗瑪峰，而是南美洲厄瓜多爾中部的欽博臘索山。這是因為地球並不是一個正圓球體，而是一個橢球體的關係。所以距離赤道越近，地表離地心的厚度就越大。

欽博臘索山雖然海拔高度只有6,272公尺，但是因為這裡離赤道很近，從頂峰到地心的距離是6,384.1公里。而珠穆朗瑪峰雖然海拔高度達到8,848.13公尺，但因為距離赤道較遠，頂峰到地心的距離只有6,381.949公里。因而，欽博拉索山是地球上距離地心最遠的地方。

100.
為什麼大陸板塊的形狀都是三角形？

　　大陸板塊的輪廓形狀是由大陸的地形地勢而決定的。而大陸的地形地勢則是因為地質構造運動形成的，板塊間相互作用，造成地形隆起或張裂凹陷，各種作用力間相互影響之下，就必須尋找能量釋放的方向，於是就形成了尖角狀。

　　全球海陸的分佈有著如下特點：首先，陸地主要集中在北半球，約占北半球總面積的2/5，而南半球的陸地面積只占1/5。在北半球的中高緯度地區，陸地分佈幾乎連續不斷，最為寬廣；而南半球的陸地在中高緯度地區則顯著收縮，南緯56°～65°之間除一些島嶼外，幾乎全部都是廣闊的海洋。但在北半球的極地則是一整片的北冰洋，南半球的極地卻是一整塊南極大陸。

　　其次，各大陸的形狀都是北寬南窄，略呈倒三角形。除南極大陸外，所有大陸都是南北成對分佈：北

睡覺和看電視 哪一個比較累？
小生活裡的大疑問 Sleeping vs.
Watching TV – Which One Takes More Energy

131

美與南美、歐洲與非洲、亞洲和澳大利亞。每對大陸之間，形成範圍廣大的陸間海，島嶼星羅棋佈。

　　另外，歐亞大陸東部邊緣有一連串島嶼群環繞，形成向東突出的島弧，其外側則是一系列深邃的海溝。大西洋兩岸的輪廓也是互相對應，大西洋東邊大陸凸出的部分，能與西邊大陸的凹進部分互相嵌合。

101.

青藏高原正在漂移嗎？

　　青藏高原是固定不動的嗎？答案是否定的，青藏高原正在漂移。

　　印度板塊和亞洲板塊的碰撞大約從距今7000萬年前開始，形成了今天的青藏高原。青藏高原平均海拔4000～5000公尺，被譽為世界「第三極」，至今仍在活動之中。英國《自然》雜誌刊登了一項國際研究成果，稱青藏高原腳下藏有神秘暗湧，正推動青藏高原緩慢向東漂移。

睡覺和看電視 哪一個比較累？
小生活裡的大學問 Sleeping vs.
Watching TV - Which One Takes More Energy

133

102.

北回歸線是會移動的嗎？

　　一般人都認為，地球上的南北回歸線是靜止不變的，但科學研究證明，北回歸線正在逐年南移，每年約南移14公尺。北回歸線為何會逐年南移呢？

　　地球的自轉軸並不是正的，而是與公轉軌道面呈約66.5度的夾角，這個夾角稱為黃赤交角。所以太陽直射地球的位置，並不一定都在赤道上，而是一段時間逐漸往北半球移動，一段時間逐漸往南半球移動。所謂回歸線就是指太陽光分別在南北半球所能夠達到離赤道最遠的點，這些點連接起來的假想線，便叫做北回歸線或是南回歸線。天文學家發現，由於黃道和赤道平面受到各種天文因素的影響，黃赤交角也會隨之發生微小變化，所以南北回歸線的位置並不固定。以北回歸線為例，每年就會往南移0.47秒，約14公尺。並且南北回歸線的移動是有週期性變化的。

103.
火焰山真的存在嗎？

在《西遊記》裡，唐僧師徒四人前往西天取經，路過可怕的火焰山。後來，孫悟空借來鐵扇公主的芭蕉扇，才撲滅了火焰山的大火。火焰山只是神話傳說而已嗎？

據專家們考證後發現，火焰山在歷史上的確曾經在新疆吐魯番附近存在過，也就是現在被稱為火焰山的褐紅色山脈。

這座山為什麼會被認為就是火焰山呢？原來在吐魯番窪地裡面蘊藏著豐富的煤層。由於氣候乾燥，加上烈日烘烤，使得盆地中心的沙漠溫度不斷上升，終於引起地下煤層瓦斯爆炸，連帶引燃了煤層，使的地下烈火熊熊燃燒。白天濃煙滾滾，夜晚火光沖天，形成壯觀的火焰山，就像《西遊記》故事中的火焰山一樣。

睡覺和看電視 哪一個比較累？
小生活裡的大學問 Sleeping vs.
Watching TV – Which One Takes More Energy

135

104.

紅海為什麼叫做紅海？

　　紅海地區的氣候炎熱乾燥，海水蒸發強烈，使得紅海的海水含鹽量大，水溫高，夏季表面的水溫可達32℃，部分近底層的水溫甚至能達到56℃。這些條件，正適合紅藻類生長。

　　其實紅海並非經常都是呈現紅色的，只是當海水中出現大量的紅色藻類，一大片一大片地漂在海面上漂動，海水自然就被映照成紅色了。

105.

為什麼彩虹總是彎曲的呢？

假如彩虹出現在你的東邊，太陽則在西邊。白色的陽光穿透大氣，向東經過了你的頭頂。當一道光束碰到水滴，會有兩種可能：一是光直接穿透過去，或者更有趣的是，光線碰到水滴的前緣，在進入水滴內部時產生彎曲，接著從水滴後端反射回來，再從水滴前端離開，往我們的方向折射出來，就形成彩虹的七彩光芒。

而彩虹呈現弧形，與地球的形狀也有很大的關係。由於地球表面本來就是弧形，而且還被厚厚的大氣所覆蓋，雨後空氣中的含水量比平時高，陽光照射空氣中的小水滴，折射出七彩。又由於地球表面的大氣層本來就依著地球形狀呈現弧形，所以陽光在大氣表面折射，也會形成弧形。所以，天邊的彩虹就是彎彎的形狀囉。

睡覺和看電視 哪一個比較累？
小生活裡的大學問 Sleeping vs.
Watching TV—Which One Takes More Energy

137

106.

黑海是因為海水是黑色而得名的嗎？

　　黑海位於歐洲東南部和小亞細亞之間。首先使用黑海這個名稱的，是居住在黑海南岸的希臘人、波斯人、土耳其人。他們在習俗上經常以不同顏色代表東、南、西、北；黃色為東，紅色為南，藍色或綠色為西，黑色為北。由於黑海位於希臘、波斯、土耳其的北部，所以人們就稱其為黑海。

107.

寒潮就是寒流嗎？

這個問題可以分兩方面談。

在氣象學上，寒潮的確又被稱為寒流，專指天氣活動的過程，它有時間性，只發生在特定季節。

另一方面，就海洋動力學的範疇而言，寒流指的是海洋表層大規模的定向海水運動。又被稱為洋流。

睡覺和看電視 哪一個比較累？
小生活裡的大學問 Sleeping vs.
Watching TV — Which One Takes More Energy

139

108.
為什麼河流總是彎彎曲曲的？

世界各地大小河流，自古以來就哺育著人們。自然形成的河流總是彎彎曲曲地從高處向低處流淌，這是為什麼呢？

每條大河都是由一條主流和若干支流所組成，支流同時又由許多更小的水流組成。在流動的過程中，它們不斷地接納地面水和地下水。不管是主流還是支流乃至更小的水流，在流動的過程中，速度並非左右兩邊完全一致，加上有的河岸地質容易被水沖蝕，有的河岸則比較堅固。在眾多因素影響之下，河流流經的河道，就變得彎彎曲曲的了。

109.

四川峨眉山上為什麼會出現「佛光」？

「佛光」是四川峨眉山的四大大奇景之一，又稱峨眉寶光，佛家稱其為普賢菩薩眉宇間放出的光芒。

在秋冬之際，雨後天晴、有雲無風的下午來到金頂前，只要背對陽光，就有可能在雲海上看到一個巨大的七彩光環，形狀就像寺廟裡佛陀畫像頭上的寶光一樣。更加奇妙的是，光環當中的人影跟自己一模一樣，你向他招手，他也向你招手，你向他點頭，他也向你點頭。

實際上，佛光是陽光照在雲霧表面所起的衍射和漫射作用所形成的自然現象。在夏天和初冬的午後，金頂下的雲層中驟然幻化出紅、橙、黃、綠、藍、靛、紫的七色光環，無數人登峨眉山，就是為了一睹佛光的美麗風景。

睡覺和看電視 哪一個比較累？
小生活裡的大疑問 Sleeping vs.
Watching TV—Which One Takes More Energy

141

110.

拉薩為什麼又有「日光城」之稱？

拉薩位於青藏高原，是西藏的首府，海拔3,600多公尺。這裡日照時間長，陽光強烈，素有「日光城」的美譽。每年平均日照總時數達3,005小時，平均每天8個多小時的日照時間，比起同緯度的地區幾乎多了一半。

111.

為什麼說「高處不勝寒」？

　　唐代大詩人白居易有詩云：「人間四月芳菲盡，山寺桃花始盛開。」意思是說，在四月份時，平地上的花兒早已凋謝，而高山寺廟旁的桃花卻才剛剛盛開。為什麼高山與平地上的景物會出現這樣的差異呢？這是由於氣溫隨海拔高度增加而降低的關係，使得山上的季節變化比平地來得慢一些。

　　一般來說，海拔每上升100公尺，氣溫就會下降0.6℃。距離地面十幾公里範圍內的這層空氣，通常不會直接吸收到太陽的光和熱，其熱量主要來自被太陽曬熱的地表。所以，越接近地表的空氣，得到的熱量就越多，氣溫也越高；所以山稜的海拔高度越高，氣溫就越低。登山愛好者都知道，在上山前要多帶些衣服，因為登上山頂之後，氣溫比平地要低得多。

睡覺和看電視 哪一個比較累？
小生活裡的大疑問 Sleeping vs. Watching TV, Which One Takes More Energy

PART 3

「司空」為啥「見慣」？
——咬文嚼字趣味多

112.

「司空」為啥「見慣」？

「司空見慣」是一個很常用的成語，但大部分的人卻都用錯了。司空，是唐代官職的名稱，相當於清代的尚書。唐代詩人劉禹錫，因為性格放蕩不羈，在京中受人排擠而被貶為和州刺史。當地有一個人名叫李紳，曾任司空官職，因仰慕劉禹錫的詩，邀請他飲酒，並請了幾個歌女在席上作陪。劉禹錫一時詩興大發，做詩一首：「高髻雲鬟新樣妝，春風一曲杜韋娘，司空見慣渾閒事，斷盡江南刺史腸。」「司空見慣」這個成語，就是從劉禹錫此詩中而來。從劉禹錫的詩來看，整句成語的意思就是指李司空對這樣的事情已經見慣，不覺得奇怪了。所以，如果是發生得理所當然的情況，例如：早晨太陽從東方出來，到黃昏的時候太陽便在西方落下，這樣的例子便不能說是「司空見慣」。若是有些事情按理說應該偶然才會發生一次，但卻是經常性的發生，因為見慣了而不覺得奇怪，這時才是使用「司空見慣」比較恰當的時機。

睡覺和看電視 哪一個比較累?
小生活裡的大疑問 Sleeping vs.
Watching TV – Which One Takes More Energy

145

113.

領袖和「領子」、「袖子」有什麼關係?

古人穿衣服很注重衣領與袖口的式樣和大小。設計講究的衣領和袖口,穿戴後會給人一種堂堂正正的印象,「領袖」由此發展出了為他人做表率的意思。《晉書‧魏舒傳》:「魏舒堂堂,人之領袖也。」意思是說,魏舒儀表堂堂,氣魄非凡,如同衣服中的領子和袖子一樣,具有卓越地位,堪稱世人之表率。後來,人們逐漸將同一類人物中的突出者稱為「領袖」,到最後,「領袖」成為專指代表國家、政治團體和群眾組織的最高領導人。

114.

「菜鳥」一詞是怎麼來的？

　　「菜鳥」既不同於「駭客」之類網路用詞的英文音譯，也不是因為翻譯過程中產生變異而成，它源自於漢語本身。

　　根據《現代漢語方言大詞典》分卷《徐州方言詞典》，「菜」字共有兩個意思，一是經過烹調的蔬菜、蛋品、肉類等副食品的統稱；二是不好，水準差、不夠標準的意思。可見，「菜鳥」的「菜」，正是取其不好、水準差、不夠標準之義。北京方言中的「菜」，有無能或廢物之意；又因我們本來就有「笨鳥先飛」這個成語。於是人們逐漸將「鳥」與「菜」組合成一個複合詞──菜鳥，意思是指初出茅廬經驗不足者，或是剛剛來到一個新環境的人。

睡覺和看電視 哪一個比較累？
小生活裡的大學問 Sleeping vs.
Watching TV — Which One Takes More Energy

147

115.

為什麼「半斤八兩」是相同的意思？

我們常用「半斤八兩」來形容兩者相同，為什麼半斤等於八兩呢？

因為傳統市場中習慣使用台斤和台兩這樣的重量單位。台斤中，一斤就是十六兩。為什麼會發展出這樣的計算方法呢？民間有一種說法：一斤中每一兩都是一顆星，十六兩就是十六顆星，就是指北斗七星、南斗六星和福祿壽三星。賣東西的人在稱重量時，不短斤少兩，就會得足星，尤其是得到福祿壽三星。如果居心不良，短少重量，就會損星。這種說法用意是要鼓勵誠信經商，減低缺斤少兩這種情況發生。

而半斤就是一斤的一半，既然一斤是十六兩，自然半斤就是八兩了。

116.

感冒一詞從何而來？

　　翻遍中醫經典，均無「感冒」一詞。原來「感冒」一詞不是來源於醫學，而是出自官場。

　　南宋年間，館閣設有輪流值班制度，每晚安排一名閣員值宿。當時值班閣員開溜成風，其理由也是約定俗成，均寫「腸肚不安」。一位名叫陳鵠的太學生開溜時，偏不循例寫「腸肚不安」，卻標新立異大書「感風」二字。

　　在過去有很長一段時間，中醫對病因的表述規範都不是十分明確。直到南宋醫學理論家陳無擇，才首次把致病的原因區分為外因、內因、不內外因三大類。就外因而論，又區分為六淫，即風、寒、暑、濕、燥、火等六種反常氣候變化。

　　陳鵠對陳無擇所提出的新學說顯然已有瞭解，故而在開溜時賣弄小聰明，隨手借來六淫之首「風」，並首次用到「感」字。感者，受也。陳鵠所創先例發展到清代，又發生了改變。清代官員請假休息，例稱

請「感冒假」。「冒」者，透出也。

於是「感冒假」可作如是闡釋：本官在為公務操勞之際，已感外淫，隱病而堅持至今，症狀終於爆發出來，故而不得不請假休養。這就是「感冒」一詞的由來。

117.

黑色幽默到底是什麼幽默？

黑色幽默（Black humor）是一個舶來語，有些評論家把「黑色幽默」稱為「絞架下的幽默」或「大難臨頭時的幽默」。

1965年3月，弗里德曼編了一本短篇小說集，其中收錄十二位作家的作品，書名為《黑色幽默》，後來它成為美國小說創作中最有代表性的流派之一。「黑色幽默」一詞即由此而來。

該流派小說家突出描寫人物周圍世界的荒謬和社會對個人的壓迫，以一種無可奈何的嘲諷態度表現環境和個人（即「自我」）之間的互不協調，並把這種互不協調的現象加以放大、扭曲，使它們顯得更加荒誕不經、滑稽可笑，同時又令人感到沉重和苦悶。因此，該派作家往往塑造出一些乖僻的反英雄式人物，藉他們的可笑言行影射社會現實，表達作家對社會問題的看法。

睡覺和看電視 哪一個比較累？
小生活裡的大疑問 Sleeping vs.
Watching TV — Which One Takes More Energy

151

118.

「另眼相看」與「刮目相看」是指同一個意思嗎？

「另眼相看」與「刮目相看」當然不是同一個意思。

「另眼相看」是說用另一種眼光看待人，也指不被重視的人得到重視。出自明代凌濛初的《初刻拍案驚奇》：「不想一見大王，查問來歷，我等一實對，便把我們另眼相看。」

而「刮目相看」則是指別人已有進步，不能再用原來的眼光去看他。出自《三國志・吳志・呂蒙傳》：「士別三日，即更刮目相待。」三國時期，東吳能武不能文的武將呂蒙聽從孫權的勸告，發憤讀書。一段時間後，都督魯肅來視察呂蒙的防地，呂蒙對蜀的防備事務講得有條有理，還寫了一份建議書給魯肅，魯肅很驚訝。呂蒙說道：「士別三日，就要刮目相看。」

所以這兩個詞的意思不同，不能混用。

119.

黃瓜明明是綠的，為什麼叫做黃瓜？

　　黃瓜原名胡瓜，是漢朝張騫出使西域時帶回中原的。胡瓜更名為黃瓜，最早起源於後趙。

　　建立後趙王朝的石勒本是羯族人，他在襄國（今河北邢台）登基做皇帝後，對自己國家的人稱呼羯族人為胡人大為惱火。於是石勒制定了一條法令，明定無論說話還是寫文章，一律嚴禁出現「胡」字，違者問斬。一天，石勒召見地方官員，當他看到襄國郡守樊坦穿著打了補丁的破衣服來見他時很不滿意。

　　石勒指著一盤胡瓜問樊坦：「卿知此物何名？」

　　樊坦看出石勒故意想考他，便恭恭敬敬地回答道：「紫案佳餚，銀盃綠茶，金樽甘露，玉盤黃瓜。」石勒聽後，滿意地笑了。

　　故事在朝野之中傳開了，自此胡瓜就被稱作黃瓜。到了唐朝時，黃瓜已成為大江南北常見的菜餚。

睡覺和看電視 哪一個比較累？ Sleeping vs.
小生活裡的大疑問 Watching TV - Which One Takes More Energy

153

120.

婚後第一個月為什麼叫「蜜月」？

　　婚後第一個月叫做「蜜月」，是因為第一個月最甜蜜最幸福嗎？據說在西元前4世紀時，居住在歐洲近北海沿岸一帶的條頓人在辦婚禮時習慣從舉行婚禮那天開始，每天都要飲幾杯用蜜製作的糖水或酒，象徵幸福及美好；同時還要出外旅行，旅行時間為三十天，恰好是一個月，因此他們就把婚後的第一個月稱為「蜜月」。後來這種習俗逐漸傳遍歐洲各地，並且很快風行世界。

　　現在，「蜜月」不只被用來代表新婚夫婦婚後生活的代名詞，也被引申為任何兩方在長期合作的初期，彼此因為不夠熟悉，互動仍會保持距離的時期。比如：職場新人來到一個工作壓力較大的新環境，因為不熟悉彼此的個性，所以伙伴之間相敬如賓，互相不敢得罪對方，就會被戲稱為蜜月期。

　　這段期間不一定為三十天，而是根據新婚夫婦的生活情況，或是工作伙伴間磨合的情況而定。

121.

「金龜婿」一詞是怎麼來的？

「金龜婿」這個美稱出自唐代詩人李商隱的《為有》詩：

為有雲屏無限嬌，鳳城寒盡怕春宵。

無端嫁得金龜婿，辜負香衾事早朝。

這首詩寫的是一位貴族女子在冬去春來之時，埋怨身居高位的丈夫因為要赴早朝而辜負了一刻千金的春宵。實際上，把丈夫稱為「金龜婿」與唐代官員的佩飾有關。

據《新唐書·車服志》記載，唐初，內外官五品以上，皆佩魚符、魚袋，以「明貴，應召命」。武則天天授元年（西元690年）改內外官所佩魚符為龜符，魚袋為龜袋，並規定三品以上龜袋用金飾，四品用銀飾，五品用銅飾。可見，佩戴金龜袋的均是親王或三品以上官員，後世遂以金龜婿代指身份高貴的女婿。「乘龍快婿」、「東床婿」是指「女兒的配偶」，而金龜婿則側重於指「女子的配偶」。

睡覺和看電視 哪一個比較累？
小生活裡的大疑問 Sleeping vs.
Watching TV – Which One Takes More Energy

155

122.

「伙計」一詞是怎麼來的？

　　「伙」是古代兵制，十人為一火，即吃一鍋飯，同火稱伙伴，還有伙食。《木蘭辭》中云：「出門見伙伴，伙伴皆驚忙。」而伙計，在舊時指店員或長工。漢語在這個方面的詞彙本來就很豐富，像「店家」、「小二」、「伙計」、「堂倌」等等，都是同樣的意思，各地使用方式則各不相同。在粵語方言地區，目前仍有顧客在餐館裡以「伙計」稱呼男性服務生，不過多半僅限在小飯館或大排檔等用餐地點。此外，部分地區的服務業或小型企業老闆，也會把雇員稱為「伙計」。在中國北方部分地區，「伙計」則是男性熟人間的親暱稱呼。

123.

銀行為什麼不叫金行？

　　金子既然比銀子更貴重，那「銀行」為什麼不叫「金行」呢？

　　因為過去幾百年來白銀一直是主要的流通貨幣。黃金雖然貴重，但由於稀少，且主要用於製造裝飾品或作為財富貯藏，很少進入流通領域，所以平時在交易、存款、借貸時，主要用的都是白銀。後來，隨著金融業務的發展，需要一個專門機構來經營，由於銀子一直是流通的主要貨幣，人們很自然地就把這種機構的名稱和銀子聯繫起來，叫做「銀行」。

睡覺和看電視 哪一個比較累？ Sleeping vs.
小生活裡的大學問 Watching TV – Which One Takes More Energy

157

124.

買單和埋單有什麼區別？源自何處？

在餐館裡支付餐費叫「買單」，也有人說成「埋單」。這兩種說法有什麼區別呢？

埋單其實起源於粵語方言，「埋」是收攏的意思，「埋單」字面上的意思是把帳單收攏在一起，最後結帳，所以「埋」在粵語中也有結算的意思。在最初，埋單一般指的是飯館用餐後結帳付款，後來漸漸的演變為泛指付錢或表示承擔責任的意思。

埋單傳入其他地區之後，逐漸成為了「買單」。雖然這個字眼的起源是「埋單」，但在人們的口語中，「買單」似乎更經常使用。

另外，「買單」除了表示上述意思之外，還是在金融方面常用的詞語，指作為買進憑證的單據。

125.

「秦」字是秦始皇創造的嗎？

　　「秦」的確是秦始皇創造的。秦王嬴政統一天下後，仍希望以「秦」字為國號。在那時「秦」字的寫法是「琹」，他認為此字不祥，既然天無二日（天上沒有兩個太陽），一國豈能容「二王」？所以他想創造一個同音字來代替。他認為自己是千古一帝，便提筆寫了一個「秦」字，取「春」、「秋」二字各一半組合為一個「秦」字。眾官稱讚嬴政才智過人，便立國號為「秦」。

睡覺和看電視 哪一個比較累？
小生活裡的大學問 Sleeping vs.
Watching TV—Which One Takes More Energy

159

126.

「拍拖」一詞源自哪裡？

　　「拍拖」一詞現在常用來比喻男女談戀愛，但這個詞原為珠江口一帶的航運俗語。

　　珠江口航運發達，通常大船載貨會同時拖一艘小船，航行主航道時以大拖小；到了近岸，大船吃水較深，難以靠岸，便用小船卸貨上岸，來回相依。之後便約定俗成，以此形象形容男女之間互相關心，並將談戀愛稱為「拍拖」。

127.

上廁所為何叫「解手」？

　　上廁所又可以說成「解手」，上廁所和「解手」有什麼關係呢？

　　據說這個典故來自明朝時期北方的大移民。明朝政府遷民是強制性的，但窮家難捨故土難離，人們總是採用各種方法反抗這個政策。所以移民官員和負責押解的差人，怕人們半路逃跑，在編隊定員之後，便把他們捆綁起來，幾十個人用同一條繩子相互牽連在一起。只要一人動就會牽動其他人，誰也跑不了。因此在行路當中，如果有人需要大小便，就得懇求押解的差人將捆在他們胳臂上的繩子解開。路途遙遠，說得次數多了，漸漸就被簡化了。一開始是說：「幫我解開手」，差人就知道他是要大小便，後來乾脆簡化成了「解手」。只要有人高聲喊「解手」，差人便明白他的意思了。

　　一路下來，大家說順了，用得也習慣了。到了新的定居地，人們按照編隊定居下來，開始新的生活。

睡覺和看電視 哪一個比較累？
小生活裡的大學問 Sleeping vs.
Watching TV — Which One Takes More Energy

161

雖然這時候手早就被解開了，大小便無須先報告，更無須等人「解手」。但人們都忘不了遷民路上的那段生活，也早就說慣了，所以便沿用「解手」這樣的說法。久而久之，「解手」就成了大小便的代名詞了。

128.

「青梅竹馬」是怎麼來的？

「青梅竹馬」指的是少男少女無拘無束地在一起玩耍。「青梅竹馬」的時代就是天真無邪的年代，出自唐代詩人李白的五言古詩《長干行》。詩裡描寫一位女子思夫心切，願從家鄉長途跋涉數百里路來迎接丈夫。

詩的開頭回憶他們從小在一起親暱地嬉戲：

郎騎竹馬來，繞床弄青梅，

同居長干里，兩小無嫌猜。

竹馬，就是把竹竿當馬騎；青梅，就是青色的梅子。後來，人們就用青梅竹馬和兩小無猜來代表過去天真純潔的感情。也可以把青梅竹馬、兩小無猜放在一起使用，意思是相通的。

睡覺和看電視 哪一個比較累？
小生活裡的大學問 Sleeping vs.
Watching TV — Which One Takes More Energy

163

129.

「雷同」跟打雷有關係嗎？

　　「如有雷同，純屬巧合。」雷同在這裡是相同的意思，這和打雷有關係嗎？

　　古時有一種說法，打雷時萬物都同時回應。《禮記‧曲禮》：「毋剿說，毋雷同。」漢代鄭玄注：「雷之發聲，物無不同時應者。人之言當各由己，不當然也。」意思是說，人應該用自己的心去斷其是非，不要取他人之說以為己語，像萬物聞雷聲而應那樣。因而，「雷同」便有「隨聲附和」之義，這個含義在現代並不常用，反而被借用來批評缺乏新意，或指不該相同而相同的窘境。一般多用於文藝評論中，表示某人作品與其他人作品相近的意思。

130.
為什麼把失敗叫「敗北」？

　　我們常把失敗稱作「敗北」，特別是在報導體育比賽的時候，為什麼會有如此稱呼呢？

　　原來「敗北」中的「北」並不是代表方位，在古時候「背」和「北」相通。《說文解字》中說：「北，乖也，二人相背。」於是「北」被引申為人體的部位——與胸相對的背部。古人說敗北，意思是打不過轉背而逃的意思，後人就沿襲古人的用法，把失敗稱作「敗北」了。

睡覺和看電視 哪一個比較累？
小生活裡的大疑問 Sleeping vs.
Watching TV – Which One Takes More Energy

165

131.

什麼樣的店是旗艦店？

什麼樣的店是旗艦店？為什麼叫「旗艦」呢？對某些國家來說，旗艦是海軍艦隊司令、編隊司令所駐的軍艦，因艦上掛有司令旗，故稱之為「旗艦」。

旗艦店用在現代企業的行銷，則是指設在某地最高級別的品牌形象展示店。一般來講就是所處地段極佳、客流量極大、銷售極好的店面，代表某品牌或某大類商品的專賣形象。

旗艦店是經濟時代的產物，在競爭加劇的市場中，對促進連鎖經營、樹立品牌形象均大有益處，也是企業拓展市場佔有率的有效手段。

132.

為什麼是「替罪羊」？替誰的罪？

「替罪羊」一詞是由西方文化傳來的，用羊替罪的說法來自古猶太教。

古猶太人在新年過後的第十天有一個非常重要的節日——贖罪日。在這一天，猶太人徹底齋戒，並在聖殿舉行祭祀儀式，以此祈求上帝赦免他們在過去一年中所犯的罪過。祭祀時，教徒們會拿來兩隻山羊，一隻獻給上帝，以牠的血作為贖罪祭品；而大祭司則將雙手按在另一隻羊的頭上宣稱猶太民族在一年中所犯下的罪過已經轉嫁到羊的身上了，然後將這隻羊放逐曠野，意為將人的罪過帶入無人之境。

「替罪羊」的含義就是一隻「帶走猶太人一切罪孽的羊」，後來這個說法廣泛傳播，並逐漸應用到世界各地。

睡覺和看電視 哪一個比較累？
小生活裡的大學問 Sleeping vs.
Watching TV─Which One Takes More Energy

167

133.

男女成親為什麼叫「結婚」？

其實結婚也寫作「結昏」，在戰國時代的《公羊傳》中就出現過，這可說是個歷史悠久的詞。之所以將男女締結婚姻關係稱為結婚，與古代成親的習俗有關。結是聯結、結合的意思。古時女子臨嫁之時，母親會為她繫結佩巾，稱為結縭，並教育女兒到夫家後要侍奉舅姑，操持家務。

婚同昏，意思是黃昏。以昏表示婚姻，是因為古代多半都在黃昏的時候迎親，唐代以後才把迎親的時間改為早晨。現在的迎親時間雖然不再規定了，但結婚的說法卻保留了下來。

134.
為什麼古代把旅費叫做「盤纏」？

　　古代的「盤纏」就是如今說的旅費，但旅費為什麼在古代叫「盤纏」呢？錢和「盤纏」又有什麼關係？這與古代貨幣有關。

　　古錢是中間有孔的金屬幣，常用繩索將一千個錢幣成串吊起來。穿錢的繩索叫做「貫」，所以一千錢又叫一吊錢或一貫錢。有齣戲叫《十五貫》，大意就是一個涉及十五串錢的案子。古代沒有支票、信用卡等輕便的支付工具，人們出遠門辦事探親，只能帶著笨重的成串銅錢。把銅錢盤起來纏繞在腰間，既方便攜帶又安全，因此古人將這又「盤」又「纏」的旅費叫「盤纏」。

睡覺和看電視 哪一個比較累？
小生活裡的大疑問 Sleeping vs.
Watching TV─Which One Takes More Energy

169

135.
為什麼把演唱會外兜售「黃牛票」的小販叫做「黃牛」？

　　「黃牛」的稱謂，是用於描述一堆人搶購物資或票券，有如「黃牛群之騷然」的現象。「黃牛」曾是上海灘的特色，昔日所謂的「黃牛黨」，從事的是被過度分化的仲介行為，他們「恃氣力或勢力，採購物資及票務憑證後高價出售以圖利」。發展到現在，「黃牛」這一行又出現了不同的發展，從戲票到火車票都可以買賣。

136.
為何稱女人的裙子為石榴裙？

　　據說，唐明皇為了討楊貴妃的歡心，在華清宮附近種了不少石榴供她觀賞，而且唐明皇還經常親自剝石榴餵到楊貴妃口中。朝中大臣看不過去，對楊貴妃的怨言日生，楊貴妃為此很不高興。

　　一天，唐明皇邀群臣宴會，請楊貴妃彈曲助興。楊貴妃在曲子奏到最精彩動聽之時，故意弄斷了一根弦，使曲子再也不能彈奏下去。唐明皇忙問原因，楊貴妃趁機說，因為聽曲的臣子對她不恭敬，司曲之神為她鳴不平，所以把弦弄斷了。唐明皇很相信她的話，於是降下旨意，以後無論將相大臣，凡見貴妃均須行跪拜禮，否則格殺不赦。

　　因為楊貴妃平日總喜歡穿繡有石榴的裙子，所以大臣們私下都用「拜倒在石榴裙下」來開玩笑。後來便留傳下來，並用「拜倒在石榴裙下」形容男子為女性傾倒的意思。

睡覺和看電視 哪一個比較累？
小生活裡的大疑問 Sleeping vs.
Watching TV – Which One Takes More Energy

171

137.

為什麼將亂寫亂畫稱為「塗鴉」？

　　「塗鴉」的說法來自唐代盧全《示添丁》中的詩句「忽來案上翻墨汁，塗抹詩書如老鴉」。原因在於，古人寫字用墨汁，寫出來的東西自然也是黑色的，與烏鴉的顏色一樣。後人便用「塗鴉」來比喻書畫或文字的拙劣，這種說法多有謙稱的意味。

　　到了現代，街頭建築物牆壁上各類色彩鮮豔的圖案或是奇形怪狀的文字，均可被稱作「塗鴉」。可見，「塗鴉」一詞發展到今天，含意又多了幾種。紐約市立大學的學者愛德華在《世界百科全書》中寫道：「塗鴉」經常寫在公共廁所、公共建築的牆上，或公園的石頭上。有些單字和片語不甚健康，有時只是寫人的名字，也有關於性的，還有許多是政治口號。「塗鴉」作品已然成為某些階層作為心理宣洩的衍生品，具有較強烈的反叛色彩和隨興風格，甚至有些還帶有反傳統、反社會精神。

138.
為什麼說「八字沒一撇」？

「八字沒一撇」的說法和朱熹有關。

南宋理學家朱熹，在哲學思想上承襲了程頤和程顥的學說，為理學之集大成者。朱熹主張恢復三代之治，願周孔之道常存，提出「存天理，滅人欲」，強調「正心、修身、齊家、治國、安天下」等。

「八字沒一撇」來自朱熹所寫的《與劉子澄書》一文。文中說：「聖賢已是八字打開了，人自不領會，卻向外狂走耳。」這段文字的意思是，通向聖賢的大門早已敞開，可是人們並不理會，不但不進門，反而朝外走。這句話的主題雖說是讓人們學習聖賢之道，但也流露出朱熹對這些人的惋惜、遺憾而又無可奈何的心情。可是，他大概怎麼也想不到這句話竟會成為「八字沒一撇」之源。

「八」字形似兩扇門，朱熹在這裡以八喻門只是取其形象罷了。「八字沒一撇」原指沒門兒，現在演變為沒辦法、沒有眉目、沒有頭緒、不沾邊的意思。

睡覺和看電視哪一個比較累？ Sleeping vs.
小生活裡的大學問 Watching TV - Which One Takes More Energy

173

139.

「花名冊」為什麼叫「花名冊」？

我們經常把名冊或名單叫「花名冊」，這是為什麼呢？和花有關係嗎？

事實上，「花名冊」與花沒有任何關係，倒是和古代的戶籍制度密切相關。戶籍是登記管理人戶的冊籍，亦稱籍帳。籍帳的起源很早，從春秋時期就有相應的戶籍制度。經過歷朝歷代的不斷補充完善，戶籍制度逐漸成為古代社會統治的一個重要政策。

「花」的意思是指錯雜繁多。古時候在登錄戶口的冊子中，把人名叫做「花名」，戶叫做「花戶」。《元典章‧聖政二‧均賦役》記載：「差科戶役先富強，後貧弱，貧富等者先多丁，後少丁，開具花戶姓名。」《清史稿‧食貨志一》也有記載：「冊內止開裡戶丁實數，免列花戶，則簿籍不煩而丁數大備矣。」都指出「花戶」在戶籍中的地位，「花名冊」即由此而來。

另外，古代也把娼妓在妓院中使用的化名稱作

「花名」，這是因為將女子比喻為花的緣故，如：元代宋無《直沽》詩：「細問花名何處出，揚州十里小紅樓。」用的就是這個意思。

　　現在雖然多用「名單」、「名冊」等詞語，但偶爾仍會使用到「花名冊」一詞。

睡覺和看電視 哪一個比較累？
小生活裡的大疑問 Sleeping vs.
Watching TV · Which One Takes More Energy

175

140.

「三更半夜」的用法是何時形成的？

　　「三更半夜」是現代漢語中的常用詞彙，這個用法是什麼時候形成的呢？事實上，這個詞起源於宋代。宋太宗時陳象輿、胡旦、董儼、趙昌言是好友，四人志趣相投，常聚在一起談論至深夜。

　　《宋史·趙昌言傳》記載：「日夕會昌言之第，京師為之語曰：『陳三更，董半夜。』」「三更半夜」一詞由此形成。古人用來說白天與黑夜的名稱不同，白天說「鐘」，黑夜說「更」或「鼓」。換句話說就是白天說「幾點鐘」，直到暮起（酉時，今之十九時）因擊鼓報時的原因，又說是幾鼓天。夜晚說時間也有人用「更」，這是由於巡夜人邊巡行邊打擊梆子，以點數報時的關係。舊時一夜分為五更，有春聯云：「一夜連雙歲，五更分二年。」這裡就用「五更」代指除夕一夜。其換算方式，第三更是子時，等於現代夜間十二時左右，已是深夜時分，後來便用「三更半夜」來指深夜了。

141.

「鳳凰涅槃」是佛經故事嗎？

「鳳凰涅槃」的意思是鳳凰經歷烈火的煎熬和痛苦的考驗獲得重生，並在這一過程中使生命得到昇華。

鳳凰在大限到來之時集於梧桐枝自焚，在烈火中獲得新生後，其羽更豐，其音更清，其神更髓。世人遂以此詞寓意不畏痛苦、義無反顧、不斷追求、提升自我的執著精神。

涅槃為音譯，及意譯為滅度、寂滅、安樂、無為、不生、解脫、圓寂。涅槃原意是火的熄滅或風的吹散狀態，並在佛教出現以前就有這個概念，後佛教用來代表修習的最高理想境界。

傳說中，鳳凰是人世間幸福的使者。每五百年，牠就要背負著五百年來人世間的所有不快和仇恨恩怨，投身於熊熊烈火中自焚，以生命和美麗的終結換取人世間的祥和與幸福。而且，只有在肉體經受了這樣的巨大痛苦之後，才能以更美好的軀體重生。

睡覺和看電視哪一個比較累？
小生活裡的大學問 Sleeping vs.
Watching TV — Which One Takes More Energy

177

142.

我們什麼稱說大話為「吹牛」呢？

　　吹牛一詞來源於陝甘寧和內蒙古一帶。以前，這些地方的人過河靠的是皮筏。皮筏有羊皮製，也有牛皮製，需要用的時候就往裡面吹氣，紮好口後，作為渡河的工具。把小皮筏連在一起，就成為一艘大皮筏，大皮筏連在一起，可以承載數千斤的重物過河。所謂吹牛，在當時指的其實是往皮筏裡吹氣的意思，看似簡單，其實很需要技巧。

　　還有一個故事也與吹牛相關。宋朝有一個叫楊璞的人，很愛吹牛，自稱是東野遺民。當時宋真宗求賢，於是有人就把他舉薦上去。但實際上他什麼也不會，皇帝要他做一首詩，但是一天下來，他什麼也沒有寫出來。宋真宗看他為難，又可憐他年紀大了，便要他第二天再把詩交上來。

　　接下來一整個晚上楊璞輾轉反側，根本睡不著，直到天亮時才想起從家裡出門時老婆的臨別贈言。於

是第二天，他就把老婆子的臨別贈言獻了上去：

更休落魄貪酒杯，亦莫倡狂亂詠詩。

今日捉將宮裡去，這回斷送老頭皮。

　　宋真宗看完他的詩後感到好笑，問是誰寫的，他如實交代。宋真宗說：「看在你老婆的分上，這次放過你這個吹牛大王，要不真要了你的老頭皮！」於是，說大話便被稱為「吹牛」了。

睡覺和看電視 哪一個比較累？
小生活裡的大學問 Sleeping vs.
Watching TV · Which One Takes More Energy

179

143.

「黑名單」一詞是怎麼來的？

提到黑名單，大家首先想到的是為了某種目的而列出的對手名錄，通常這樣的名單都是機密。但這個詞是怎麼來的呢？為什麼是黑名單呢？

黑名單一詞來源於世界著名的牛津和劍橋等大學。這些學校規定：對於犯有不端行為的學生，要將其姓名及行為列案記錄在黑皮書上。只要名字上了黑皮書，就會名譽掃地，做很多事情都會受到限制。

沒想到學校懲罰學生的做法，卻被當時一位英國商人引入商業活動中，用黑皮書來懲戒那些時常賒欠不還、不守合約、不講信用的顧客，後來甚至將一些破產者和即將破產者的名字也排在黑皮書上。事情傳開以後，商人們便開始爭相仿效，繼而各行各業都興起了黑皮書。黑名單便在工廠和商店老闆之間秘密地傳來傳去。

直到1950年9月，美國國會通過《麥卡倫法案》。同年12月，總統杜魯門發佈命令，宣佈美國處

於「全國緊急狀態」，正式實行《麥卡倫法案》，他們編制了形形色色的黑名單，按名單逮捕並迫害了大批人士。從此以後，黑名單這個名詞便在各行各業中被廣泛應用了。

睡覺和看電視 哪一個比較累？
小生活裡的大疑問 Sleeping vs.
Watching TV — Which One Takes More Energy

181

144.

為什麼要叫星期日，不叫星期七？

　　星期六之後直到下星期一之前的那一天，為什麼被稱為星期日，而不是星期七。星期日在拉丁語中意思是太陽日；法語的星期日則是來源於拉丁語詞，意思是主的日子；英語的Sunday來源於太陽日；俄語的意思是指禮拜日。在古代中國和現在的日本、韓國、朝鮮，本來都是以「七曜」來分別命名一週七天，星期日則稱為「日曜日」。

　　另外，根據聖經的說法，耶穌是在星期日這天復活的。所以基督教以星期日作為禮拜日，也代替安息日。並且基督教國家都是在星期日休息，一起到教堂做禮拜。

145.
阿拉伯數字是阿拉伯人發明的嗎？

阿拉伯數字並不是阿拉伯人發明的而是古代印度人的發明，由阿拉伯人傳入歐洲，因而被歐洲人誤稱為阿拉伯數字。

古代印度人發明了包括0在內的十個數字記號，還發明了現在通用的十進位法，並且使用同一個數字記號時，只要所在位置不同，就可以表示不同數值。如果某一位數沒有數字，則在該位數上填0。0的應用，使十進位法臻於完善，意義重大。

由於採用計數的十進位法，加上阿拉伯數字本身筆劃簡單，寫起來方便，看起來清楚。特別是在筆算時，演算也很便利。因此阿拉伯數字逐漸在各國流行開來，並成為世界各國通用的數字。

睡覺和看電視哪一個比較累？
小生活裡的大疑問 Sleeping vs.
Watching TV — Which One Takes More Energy

183

146.

城隍廟的「城隍」有什麼含義？

道教把城隍當做「剪惡除凶，護國保邦」之神，說他能應人所請，旱時降雨，澇時放晴，保谷豐民足。我們現在經常把城隍看做當地的神，掌管一方事務。城隍是神鬼世界中的一城之主，他的職權範圍相當於人世間的縣官。

城隍最早的含義是由「水庸」衍化而來的。最初的城隍並不是神，而是指城郊外面的護城壕。《禮記・郊特牲》有載：「天子大臘八，祭坊與水庸。」鄭玄注：「水庸，溝也。」古代人最早信奉的護城溝渠神就是水庸神，後來逐漸演變為城郊的守護神，即城隍神。

據文獻記載，早在西元239年就有了城隍廟，此後逐漸遍佈全國各地。城隍雖屬道教之神，但歷代帝王多很重視城隍，屢次予以加封。如：後唐末帝李從珂封之為王，元文宗又封及城隍夫人。

城隍本來是沒有姓名的。自宋代後，城隍便被人

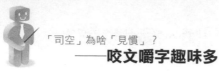
格化了，很多殉國而死的忠烈就被封為本城城隍。《宋史·蘇緘傳》記載：「緘殉節於邕州，交州人呼為蘇城隍。」這類被人格化的城隍多以當地名人為主，如：蘇州的城隍是春申君，杭州的城隍是文天祥，鄭州城隍廟供奉的城隍爺是紀信，等等，都是城隍人格化的結果。

　　不論城隍是神還是人，當地百姓都認為祂能保一方平安，因此祭祀城隍也就成了一種傳統。

睡覺和看電視 哪一個比較累？
小生活裡的大學問 Sleeping vs.
Watching TV—Which One Takes More Energy

185

147.

為什麼出租房子的人叫做「房東」，為何不說房西、房南、房北？

　　出租或出借房屋的人被稱為房東，而不是房北或房南，這是為什麼呢？原因是自古以來，中國人便以東為大。老式房屋的組成一般都是一座朝向南的主屋，主屋的前面兩側再造東西向的廂房，東廂房就是上房，而上房定是主人或家中最受尊崇者的住房。上房連晚輩和下人都不能住，更不要說是出租給外人了。所謂的房東就是住在東首上房的人，也就是主人的意思。至於為何以東為主，則與星相學有關。在古代周易的星相學說中，東南西北四宮各有四大神獸鎮守，東宮蒼龍，南宮朱雀，西宮白虎（咸池），北宮玄武，其又各屬七個星宿，合計二十八星宿。東宮蒼龍所屬七宿是：角、亢、氐、房、心、尾、箕。《史記‧天官書》記載：「東宮蒼龍，房、心。」龍作為華夏民族的圖騰，是吉祥、長久的象徵，古代帝王以龍子自居，因此以東為尊也就可以理解了。

148.
香格里拉是什麼意思？

香格里拉在現代詞彙中是「伊甸園、理想國、世外桃源、烏托邦」的代名詞。實際上，香格里拉源於藏經中的香巴拉王國，在藏傳佛教的發展史上，一直被視為是淨王的最高境界。據藏經記載，它隱藏在青藏高原深處的某個隱秘地方，整個王國被雙層雪山環抱，由八個呈蓮花瓣狀的區域組成，中央聳立的同環雪山稱為卡拉巴王宮，宮內居住著香巴拉王國的最高領袖。

傳說，香格里拉中生活著具有最高智慧的聖人，他們身材高大，擁有自然力量，至今仍從人們看不到的地方，以其高度發達的文明，透過一條名為「地之肚臍」的隱秘通道與世界進行聯繫，並牢牢地控制著世界。長期以來，這條「地之肚臍」一直就是到達香格里拉王國的唯一途徑，因而成為尋找香格里拉的關鍵。

在藏傳佛教浩繁的經文中，我們依稀推論它是一

個雪山、冰川、峽谷、森林、草甸、湖泊、金礦及純淨空氣的薈萃地，是美、明朗、安然、閒逸、知足、寧靜、和諧等一切人類美好理想的歸宿，那裡沒有貧窮、沒有困苦、沒有疾病、沒有仇恨與死亡，只有花常開水常綠，莊稼總在等待收割，甜蜜的果子總掛在枝頭。正因為如此，香格里拉的傳說才像謎一樣吸引著千千萬萬的信徒香客，也吸引著西方世界的探險家。

149.

「四面楚歌」中的「楚歌」指的是什麼歌？

　　我們經常用「四面楚歌」來比喻陷入四面受敵、孤立無援的窘迫境地。那麼讓項羽鬥志全失的「楚歌」到底指的是哪裡的歌呢？

　　歷史上楚國的範圍並非一成不變，而是隨著戰事的進行不斷變化的。西元前278年，秦將白起攻破郢都，楚國被迫遷都到陳（今河南淮陽），又遷都巨陽（今安徽太和縣東），西元前241年又遷都壽春（今安徽壽縣）；西元前223年秦兵攻破壽春，楚國滅亡。

　　楚國的國都不斷東遷，楚人隨之進入江淮下游地區，因此長江、淮河下游也開始被稱為「楚地」。由此可以推斷，楚歌應是長江、淮河下游地區的民歌。

睡覺和看電視 哪一個比較累？
小生活裡的大學問 Sleeping vs.
Watching TV – Which One Takes More Energy

189

150.

「江郎才盡」的江郎指的是誰？

今常用江郎才盡比喻人才思枯竭，而其中江郎指的是南朝時人江淹。

傳說江郎小時候特別有才華，是個大有名氣的小神童。有一年，他突然做了一個夢，夢見神仙跟他說：「我多年前在你這兒放了一隻五色神筆，你用了不少年，也該還給我了吧。」結果江淹醒來後，發現自己再也寫不出優美的詩句了。

但其實，江郎才盡的原因與神仙並沒有關係。江淹早年家境貧寒，所以求學過程刻苦，「留情於文章」。到了後半生，官做大了，名聲也大了，認為平生所求皆已具備，功名既立，便須及時行樂了。於是由嬉而墮，耽於安樂，自我放縱，不再刻苦砥礪，後來詩文才逐漸退色。

151.

為什麼把行為不端叫做「不三不四」？

　　想要明白「不三不四」一詞的含義，需要先瞭解古人對「三」和「四」的特殊感情。

　　「三」在古代不僅是一個吉祥數字，而且還用作整體的象徵，表示多、全的意思。取「三」為名的事物，如：一日三秋、三思而行，多半含義深遠，其味無窮。至於「四」，古意則多含有周全、稱心，取事事（四四）如意之義，諸如：四季、四方、四海之類。

　　既然在傳統文化中，「三」與「四」被人們寄予對美好事物的追求和禮讚，所以那些不正派、不正經的人及其言行，便被斥為「不三不四」了。

睡覺和看電視 哪一個比較累？
小生活裡的大學問 Sleeping vs.
Watching TV - Which One Takes More Energy

191

152.

為什麼罵人時總說「不要臉」 而不說「不要面」？

　　說一個人不顧顏面、不知羞恥，就是「不要臉」。為什麼卻不會罵「不要面」呢？古代的臉與面是指人體的同一個部位嗎？

　　這其實只是書寫和口語的不同。臉和面在現在看來意思差不多，但在古代意思卻是有差異的。臉這個字出現得比較晚，大約是魏晉以後才產生的，最初的意思其實是「頰」。除此之外，臉在古代還有瞼的意思，也就是眼皮。

　　「面」屬於書面用語，多用於文學作品之中。相對而言，「臉」就是口語，時常出現在口頭對話之中。

153.
我們常說的「染指」到底跟哪個指頭有關？

　　現在我們常用「染指」一詞來比喻圖謀非法利益，這個詞語跟食指有關。

　　左傳中說，春秋時期鄭國子公的食指有特異功能，每次在吃到美食之前，食指都會大動，為他預報。一次，他的食指又抖動不停，果然不久他就受詔入朝，一上朝就看到堂柱上綁縛著一個大黿。鄭靈公得知子公有預知美食的本領後，故意不給子公上黿肉，卻讓其他的大臣都享用了美食。

　　子公惱怒之下，徑直走到鄭靈公面前，將食指伸入鼎（諸侯王專用炊具）中，嚐了一口之後便直趨而出。

　　鄭靈公非常氣憤，覺得子公不守禮儀，蔑視自己，揚言要懲治其罪。結果卻是子公先下手殺了鄭靈公，造成了鄭國由盛而衰的內亂，自己也死於內亂中。

睡覺和看電視 哪一個比較累？
小生活裡的大學問 Sleeping vs.
Watching TV — Which One Takes More Energy

193

　　於是，「染指」一詞便由此而來，雖在一開始時是泛指品嚐某種食品，後來演變為有非分之想或企圖插手參與某事，皆泛稱為染指。

154.

「阿門」是什麼意思？

　　在基督教徒口中經常聽到「阿門」這個詞，意思是誠如所願。

　　阿門最初用於猶太教，後來被基督徒所採納，在誦經宣告、唱詩讚美和禱告的最後加上阿門，代表「真誠相信必會如此」的意思。

155.

「拔河」拔的又不是河，為什麼不叫「拔繩子」就好？

體育活動「拔河」拔的既然是繩子，為什麼不叫拔繩子呢？

拔河來源於春秋時期的楚國。楚國地處長江、淮河下游地區，國內水道縱橫，因此楚國除陸軍外，還有一支強大的水軍舟師，且發明了一種名叫「鉤拒」的兵器，專門用於水上作戰。當敵人敗退時，軍士可以鉤拒將敵船鉤住，使勁往後拉，使之逃脫不了。後來鉤拒從軍中流傳至民間之後，演變成一種遊戲，最早稱為「鉤拒之戲」，後演變為拔河比賽。

到了唐代，拔河活動已廣泛展開。「大麻全長四五十丈，兩頭分繫小索數百條」，可見古代參加拔河的人數比現在多得多。大繩正中插一根大旗，旗的兩邊畫兩條分隔號，稱為河界線。比賽時，以河界線為勝負標誌。此後便改稱「鉤拒之戲」為「拔河」了。

156.

《梅花三弄》中「弄」是什麼意思？

　　《梅花三弄》是中國的古曲，又名《梅花引》、《玉妃引》，曲譜最早見於明代《神奇秘譜》，為晉代桓伊所作。

　　《梅花三弄》以泛聲演奏主調，並以同樣曲調在不同徽位上重複三次，故稱為「三弄」。《樂府詩集》之《卷三十平調曲》、《卷三十三清調曲》中各有一解題，提到相和三調器樂演奏中，以笛作「下聲弄、高弄、遊弄」的技法。今琴曲中「三弄」的曲體結構可能就是這種表演形式的遺存。

　　關於《梅花三弄》的樂曲內容，歷代琴譜都有所介紹。與南朝至唐的笛曲《梅花落》主要表現怨愁離緒的情感不同，明清琴曲《梅花三弄》多以梅花凌霜傲寒、高潔不屈的節操與氣質為表現。

157.

「一問三不知」是哪「三不知」？

　　我們經常說的「一問三不知」出自《左傳》，晉國的荀瑤領兵伐鄭，中行文子說：「君子之謀也，始中終皆舉之，而後入焉。今我三不知而入之，不亦難乎？」意思是，謀劃事情要對整個事件的開始、發展和結局都弄清楚，才能決定最後該怎麼辦。現在我們什麼都不知道，不是很難做嗎？

　　也就是說，只有在對敵軍的情況瞭若指掌時才可以決定戰術。因此，「三不知」是指始、中、終三階段的情況都不知道的意思。

158.

「銅臭」是指銅生銹發臭的意思嗎？

「銅臭」是指銅生銹發臭嗎？「銅臭」一詞是有典故的。

根據《後漢書‧崔烈傳》記載，東漢時有一個名叫崔烈的人用五百串銅錢買下相當於丞相的司徒官職。由於司徒與太尉、御史大夫合稱「三公」，是掌握軍政大權、輔助皇帝的最高長官，所以人們雖然對崔烈的醜行很憤慨，但當著他的面並不敢談及此事。

一天崔烈問兒子崔鈞：「吾居三公，於議者何如？」意思是說，人們對我當上三公有何議論。崔鈞據實相告：「論者嫌其銅臭。」意思是說，議論的人嫌銅錢多而發臭。「銅臭」一詞由此而來，可見「銅臭」並不是指銅銹發臭的意思。

159.
為什麼事情沒辦好叫做「砸鍋」呢？

現在人們常把事情沒辦好稱為「砸鍋」，這是為什麼呢？

事實上，「砸鍋」一詞與戲劇有關，最早的意思是指戲演得不好。清末時，北方的京劇曾同山西梆子、直隸梆子（今河北梆子）同台演出，而劇碼、表演等又仍保持原狀不相混合，因而人們稱之為「兩下鍋」。南方的滇劇，其腔調包括襄陽、胡琴、絲弦等三種，原來唱的是同一種腔調，後來逐漸變成三種腔調混合演，俗稱「三下鍋」。於是「鍋」成了「戲」的代名詞。舊時，人們常用「砸飯碗」比喻失業，於是就把戲演得不好、演不下去稱為砸鍋。再後來，又被引申為事情沒做好、辦不下去了的意思。

PART 4

以左為尊還是以右為尊？

——處世規則、禁忌知多少

160.

豎大拇指有哪些含義？

豎起大拇指，對於中國人是具有積極意義的，表示敬佩或誇獎別人的意思。但在其他國家或地區，含義就可能不同了。

在美國和歐洲部分地區，豎起大拇指表示要搭便車；在德國表示數字「1」；在日本表示「5」；而在希臘，豎大拇指卻是讓對方滾蛋的意思。因此與希臘人交往時，千萬不要豎起大拇指以稱讚對方，那樣一定會鬧出笑話，甚至產生不愉快。

睡覺和看電視 哪一個比較累？
小生活裡的大學問 Sleeping vs.
Watching TV—Which One Takes More Energy

201

161.

你會擁抱嗎？

在西方，特別是歐美國家，擁抱禮是十分常見的見面禮和道別禮，在人們表示慰問、祝賀、欣喜時，擁抱禮也十分常用。

正規的擁抱禮，講究兩人正面對立，各自舉起右臂，將右手搭在對方左肩後面，左手扶住對方右腰後側。首先各向對方左側擁抱，然後轉向對方右側擁抱，最後再一次轉向對方左側擁抱，一共擁抱3次。若是普通場合則不必這麼講究，擁抱一次、兩次或三次都行。

162.

送禮的禁忌有哪些？

　　禮物一般應當面贈送，但如果參加婚禮，也可事先送去。禮賀節日、贈送年禮，如果是派人送上門或郵寄，應隨禮品附上送禮人的名片；也可手寫賀詞，裝在信封中，信封上註明受禮人的姓名，貼在禮品外包裝的上方。

　　送禮給關係密切的人不宜在公開場合進行，以避免讓公眾留下你們關係密切完全是由物質支撐的感覺。只有禮輕情義重的特殊禮物、表達特殊情感的禮物，才適宜在大庭廣眾下贈送。因為這時公眾已變成你們真摯感情的見證人，比如：一本特別的書、一份特別的紀念品等。

　　不要在臨別告辭時送禮，或者一聲不響地把禮物放在門口或房間角落一走了之。且禮品上的標籤、價格應該取下，因為如果價格過高，會令其他人不悅，若價格過低，則顯得自己寒酸。此外，散裝或簡裝的禮品也不能拿來送人。

睡覺和看電視 哪一個比較累？
小生活裡的大學問 Sleeping vs.
Watching TV—Which One Takes More Energy

203

163.

中國人以左為尊還是以右為尊？

古代等級制度嚴格，左右等方位也可以做為區別尊卑高下的標誌，普遍實行於各種禮儀之中。由於君主受臣子朝見時，南面而坐，左東右西；臣子北面而立，左西右東，朝臣依官位由尊至卑一字排開。各朝對尊卑的禮制各有不同，若官位高者在東，卑者在西，則尊右賤左；反是，則尊左賤右。

「左」「右」孰尊，各代情況不一，考核史籍，情況大致如下：

夏商周直到戰國時，都是朝官尊左；宴飲、凶事、兵事尊右。在軍中也是尊右。這一傳統主要起源於對天體運行的觀察，如：《逸周書.武順》上就說：「天道尚左，日月西移。」到了清秦代，依然尊左。直到漢代才開始尊右，《史記.陳丞相世家》：「乃以絳侯勃為右丞相，位次第一。平徙為左丞相，位次第二。」可見，右丞相地位高於左丞相。《漢書・周昌傳》中顏師古注解「左遷」時說：「是時尊

右而卑左，故謂貶秩位為左遷。」到了六朝的時候，朝官尊左，燕飲、凶事、兵事尊右。六朝之後，除了元代尊右，唐宋明清都是尊左。所以在一般喜慶活動中，以左為貴，在凶傷弔唁中，以右為尊。

　　中華文化源遠流長，由多民族、各地域的文化匯聚而成，「左」「右」孰尊，古今有別，情形各異。近代的以「左」為尊，主要是明清以來形成的。

睡覺和看電視 哪一個比較累？
小生活裡的大聲問 Sleeping vs.
Watching TV - Which One Takes More Energy

205

164.

「拱手之禮」怎麼拱才對？

在傳統習慣中，親友相見除握手禮以外，尤其在是春節團拜時，還可以行拱手禮。

拱手禮是一種重要的傳統禮節，已沿用兩千多年。施拱手禮的方法是：行禮者首先立正，右手半握拳，然後用左手在胸前扶住右手，在雙目注視對方的同時，拱手齊眉，彎腰自上而下，雙手向前朝對方輕輕搖動。行禮時，可向受禮者致以祝福或祈求，如：「恭喜發財」、「請多關照」等。

需要注意的是，行拱手禮時，一定要用左手扶抱右手，意味著施禮者願在受禮者面前收斂自己的鋒芒，向受禮者表示友好。林語堂在《生活的藝術》一書中曾推崇中國的拱手禮，認為拱手禮優於握手禮的地方有二：一是從醫學衛生的角度講，拱手禮不致發生接觸傳染，有益人體健康；二是從心理感受的角度講，拱手的力度、時間的長短，完全取決於自己，不會感受到對方的壓力。

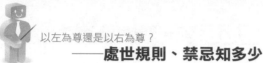
165.
傳統戲曲中，「紅臉」和「白臉」各代表什麼屬性的角色？

　　「一個唱紅臉，一個唱白臉」常被用來比喻在解決矛盾衝突的過程中，一個充當友善或令人喜愛的角色，另一個充當嚴厲或令人討厭的角色，這個說法正是來自傳統戲劇。

　　在傳統戲劇中，一般把忠臣（好人）扮成紅臉，而把奸臣或者壞人扮成白臉，後來人們就用紅臉代表好人，用白臉代表壞人。而現在又常用來引申為做事情的時候兩人合作，有的說好話，有的說壞話。也就是一個做壞人，一個做好人，目的是讓做好人的那一方贏得人心，或者迫使對方做出更符合己方利益的選擇。這種說法被說成：「一個唱紅臉，一個唱白臉。」

　　在談判時，一味地咄咄逼人，或者是一味退讓，都難以達到預期的目的，如果處理不當，有時候甚至會讓談判陷入僵局。因而，軟硬兼施的紅白臉策略便

睡覺和看電視 哪一個比較累？
小生活裡的大疑問 Sleeping vs.
Watching TV - Which One Takes More Energy

207

經常被談判者採用。紅臉用軟的方法動之以情，使對方看到自己的誠意，增強信任和友誼，以柔克剛。白臉則用硬的手段，使對方看到自己的決心和力量，以強取勝。

　　這個方法其實也從心理學上得到印證，就是當一個人的思緒上下波動時，理智通常會降低。所以，一般來說商務談判中，若兩個人分別扮演紅臉和白臉，軟硬兼施，更容易達到目的。

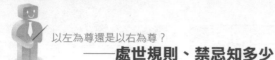
166.
從聲調語調中也能探知性格嗎？

　　心理學家研究發現，人與人之間的交流有50%以上是經過視覺，30%左右經過聽覺實現的，只有5%左右是靠著語言來進行。那麼在這當中，聲音語調等稱為「副語言」的符號，是如何透露出人們性格的呢？

　　語調低沉的人，無論男女，都非常迷人。因為它是人們性感、成熟的標誌。低沉的聲音給人以安全感，能讓人展現最佳狀態，並能像磁鐵一樣吸引別人。有著這種聲音的人比較可靠、聰明、他們的聲音讓人們感覺他們很有自信，並且意志堅定，他們會被認定是正直的人。

　　活潑、熱情、充滿生機的語調則能引發人們的興趣。這種語調給人精力充沛的感覺，擁有這種聲音的人性格開朗而直率，能輕鬆地傳達情意。熱情的語調在吸引異性的時候，具有較大的優勢，他們的聲音會讓人感覺到友好、能幹，是很容易帶來快樂的人。

睡覺和看電視 哪一個比較累？
小生活裡的大學問 Sleeping vs.
Watching TV—Which One Takes More Energy

209

167.

什麼是「人際距離」？

人際距離是指個體之間在交往時通常保持的距離。這種距離受到個體之間關係和情感不同而異。人類學家霍爾認為「人際距離」可區分為四種：

親密距離（0～46公分）通常用於父母與子女之間、情人或戀人之間，在此距離上雙方均可感受到對方的氣味、呼吸、體溫等私密性刺激。

個人距離（0.46～1.2公尺）一般是用於朋友之間，此時人們說話溫柔，可以感受到大量的身體語言。

社會距離（1.2～3.6公尺）用於具有公開關係而不是私人關係的個體之間，如：上下屬關係、顧客與售貨員之間、醫生與病人之間等。

公眾距離（3.6～7.5公尺）用於進行正式交往的個體之間或陌生人之間，有一定的社會標準或習俗。這時的溝通往往是單向的。

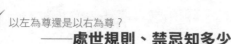
168.

你能看懂情緒嗎？

　　在進入老闆的辦公室時，如果發現老闆愁眉不展，這時最好退出去。因為老闆在情緒不佳時，不適合做任何決定。尤其是重大決定，更應暫時迴避，等老闆情緒穩定時再決定。

　　在向老闆談論專案時，如果老闆一會兒看看手錶，甚至站起來開始走動，說明他暫時不想和下屬溝通，或者這個專案沒有再繼續溝通的必要，悟性高的下屬應當在老闆的臉色沒有變得更難看之前結束談話。否則，老闆下一步要做的就是向你展示憤怒。

　　老闆在聽取你的談話時，如果不停地說：「啊？是嗎？是這樣嗎？我以前怎麼都不知道？」這往往是在裝傻。總之，裝傻往往是人們用來緩和氣氛的技巧，這時職員應當檢視自己說話的分寸，切莫讓自己和老闆都下不了台。

睡覺和看電視 哪一個比較累？
小生活裡的大疑問 Sleeping vs.
Watching TV - Which One Takes More Energy

211

169.

握手有什麼講究嗎？

　　為了在遇到他人時，塑造一個成熟得體的個人形象，每個人都應該懂得握手該怎麼握才叫適當。

　　握手這個動作的本意，是向對方展示友好態度，握手最重要的意義在於營造良好的氣氛，為自己樹立良好形象。任何一方都不應有凌駕於另一方的威勢，這樣才能表達彼此之間的尊重。

　　此外，面部的表情也不能過分冷淡。在握手時應當面露微笑，凝視對方的雙眼，如此才可以充分地將你的友好與熱情傳達給對方。儘管有人相信握手之中有強勢弱勢、支配與控制之分，但在社會交往中應當遵循握手的本質，輕鬆地進行溝通。為免失禮，人們應注意握手的力度。在握手時，既不能蜻蜓點水似的應付對方，也不能緊握對方雙手長久不動。這兩種方式在很多場合下，都容易引發尷尬和誤解。尤其是在異性之間，對於握手的掌控更應自然得體。雙方最佳的握手時間可限定為三到四秒，握一兩下即可。

170.
兩手指尖形成尖塔的手勢代表什麼心理意義？

尖塔手勢是將兩手的指尖相接形成一個尖塔形狀，並以肘關節為支點使手臂直立在桌子上。這種手勢多出現在一些充滿自信，位階較高的人身上，顯示出他們的自信心。

這種姿勢還出現於上級聽取下屬匯報、指導下屬，或者提供建議給下屬的時候，以表明上級對下屬所提到的內容「全知」以及「盡在掌握」的心理。

不過，部分情況下，這種聳立的尖塔手勢也跟宗教有所聯繫，代表了人們對事情的期盼與不確定。

尖塔手勢被放低的時候，就具有了不同的含義。此時，使用手勢的人大多正在聆聽他人的觀點。據調查，由於女性是在大多時間裡扮演聆聽者的角色較多，因此較經常使用這種放低的尖塔手勢。

171.

哪些顏色不能亂用？

　　各個不同國家、不同民族對顏色的象徵意義都有不同的理解，因此關於顏色的禁忌各不相同。

　　如：日本人忌諱綠色，他們認為綠色象徵不祥。巴西人忌諱紫色、黃色，他們認為紫色表示悲傷，黃色表示風險，這兩種顏色配在一起，一定會帶來災難。埃及人忌諱藍色和黃色，認為藍色是惡魔，黃色是不幸的象徵。

172.

交談中有哪些忌諱？

　　不同國家、不同民族受各自不同的文化傳統和宗教信仰的影響，形成了不同的交談禁忌。以下有些例子。

　　與日本人交談時，忌諱詢問對方的年齡、收入、婚姻等個人隱私，還忌諱談論對方身體胖瘦、個子高矮之類的話題。

　　與法國人交談時，忌諱別人過多地提及私事，尤其是涉及他人的私事和商業秘密的內容。談生意就是談生意，不要話家常。

　　與德國人交談時，忌諱談論涉及納粹、宗教與黨派之爭的話題。

　　與美國人交談時，最忌諱打探個人隱私。在美國，詢問他人的收入、年齡、婚戀、健康、籍貫、住址、種族等，都是很不禮貌的。

　　與加拿大人交談時，忌諱插嘴打斷對方的話題或是與對方爭執，還忌諱談論宗教問題和種族問題。

睡覺和看電視 哪一個比較累？
小生活裡的大學問 Sleeping vs.
Watching TV — Which One Takes More Energy

215

173.

哪些圖案和動物是禁忌？

　　由於各個國家宗教信仰和圖騰都不同，對動物和圖案也產生了不同的禁忌。如：美國人忌諱蝙蝠、黑貓這兩種動物，他們認為蝙蝠是兇神惡煞，黑貓會為人帶來厄運；法國人忌諱黑桃、仙鶴圖案，他們認為黑桃圖案不吉利，仙鶴圖案是蠢笨的象徵；捷克和斯洛伐克則忌諱紅三角這種圖案，他們認為紅三角是毒物的象徵；埃及人忌諱穿有星星圖案的服裝，也不喜歡有星星圖案包裝的禮品等。

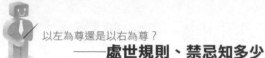

174.

喪葬期間可以理髮嗎？

　　傳統習俗認為喪事時忌理髮、剃鬚的習俗。如果家中有人死亡，男性一旦得知兇信，一個月或百日之內就不得理髮、刮鬍子。原因可能是髮鬚受之於父母，所以不在先輩亡故時拋棄，以示孝敬之心，表哀痛和思念之情；也有人說，是因為追憶故人悲傷感懷，不思整理容顏，以表明孝心；還有人認為，不理髮、不剃鬍子是為了改變自己的形貌，使亡靈不能辨認，以免凶事殃及自身。前兩種說法都與禮教有關，是受儒家思想影響的結果，最後一種說法則與髮鬚和靈魂以及巫術迷信有關了。

175.

吃飯時有什麼忌諱？

　　吃飯是一件正事，忌諱心不在焉、思緒不集中。還有些人忌諱吃飯時看鏡子，或是邊吃飯邊工作、邊吃飯邊玩耍，認為這些是對家神的不敬。俗話說：「吃飯不要鬧，吃飽不要跑」。許多地方還忌諱吃飯時說話，民間有「食不語」的俗諺。

　　蒙古人吃魚時也忌說話。因魚有刺，易傷喉嚨，並稱熟魚肉為「啞口菜」。「食不語」除了衛生之外，還有防止說出不吉之語的作用。吃飯時說出不吉利的話更是忌諱，吃飯時忌提傷、亡、病、災、禍等凶事，否則不吉。

　　有些地方，吃飯時忌諱筷子掉在地上，認為這樣不吉利。又有「作踐穀物，必遭雷擊」、「小孩剩碗底，長大娶麻妻」、「吃不光，好生瘡」等。因此家長總是要求孩子從小就明白吃多少盛多少，要學會掌握自己的飯量。

176.

用筷子也有講究嗎？

中國人是用筷子吃飯的，筷子一般用右手執拿。《禮記‧內則》云：「子能食食，教以右手。」左手拿筷子，在民間認為是反常，俗稱「左撇子」。拿筷子的位置一般要適中，忌諱拿得過高或過低。老人家常說，手拿筷子的部位高低，可以預測小孩子日後結婚的對象離家遠還是近。筷子拿得高的人，嫁娶的對象一定離家遠；筷子拿得低得人，嫁娶對象一定離家近。

大體來說，用筷有八忌：

一忌舔筷，忌用舌頭舔筷子。

二忌迷筷，忌拿不定主意要夾什麼菜，而手握筷子在餐桌上遊移。

三忌移筷，忌剛吃了一個菜接著又吃另一個菜，中間不停頓，不配飯。

四忌粘筷，忌用粘著飯菜的筷子去夾菜。

五忌插筷，忌把筷子插在飯菜上。

六忌跨菜，忌別人夾菜時，跨過去夾另一個菜。

七忌掏菜，忌用筷子翻弄菜餚。

八忌剔筷，忌用筷子代替牙籤剔牙。

這些也是家庭吃飯或宴客時的禁忌俗規，多是關乎衛生、謙讓、禮貌的。這說明中國人重視飲食場合的莊重和嚴肅，如不以此為戒，觸犯這些禁忌，則會被認為是沒有禮貌或沒有教養。

177.

中國傳統民俗中有哪些食物是禁忌？

在湖北一帶，有六月嚐新忌雞，謂禁饑（雞）也。

在食物形象方面的禁忌，如：杭州、湖州一帶，曾經有忌食螃蟹的習俗，認為死後將被驅入蟹山受罪，飽受蟹爪刺傷之苦。又以為蟹背有星者、腳不全者、獨目者、腹有毛者，食之能害人，有風疾者更忌食。

在台灣除夕夜團圓飯一定要有魚，但因為「魚」和「餘」同音，所以魚這道菜不可以吃完，象徵「年年有餘」的意思。有些地方甚至完全不碰這魚，吃完年夜飯後就把魚收起來，初一又加熱端上桌。

睡覺和看電視 哪一個比較累？
小生活裡的大學問 Sleeping vs.
Watching TV—Which One Takes More Energy

221

178.

穿戴有何講究？

衣冠忌穿著隨便，尤其忌異常穿戴，如：反穿衣、反懸冠等。河南沁陽一帶有「反穿羅裙，另嫁男人」的說法，孀婦只有在改嫁時才會反穿羅裙。若女人平時反穿羅裙，自然是不吉祥的，是大忌諱。

另外傳統習俗中又有親人死後要反穿衣的習俗。許多地方在為亡者穿壽衣時，並不直接穿在死者身上，而是先讓孝子或親屬將衣服反過來層層穿好，再脫下來一次穿到亡者身上。所以平日裡就特別忌諱將衣服穿反，因為這就意味著詛咒自己的親人死去。至於人死後反戴帽子的習俗，據《無何集》云：「毋反懸冠，為似死人服。」可見反懸冠也是凶相，所以也是禁忌。

穿戴不能隨便還包括忌穿別人穿過的衣服。有些習俗認為衣服上會附著本人的靈魂，那麼穿上別人穿過的衣服自己的靈魂也就不得安寧了，青海藏民特別忌諱這一點。其他民族中也都有類似的習俗，甚至忌

諱曬乾的衣服不收下疊好放一段時間，而是直接穿在身上，會讓人變成「竹竿鬼」。因為過去晾曬衣服是用竹竿把衣服穿撐起來的，看上去就像是一個竹竿人穿著衣服似的。

　　民間還忌諱服飾不整齊。古時有些地區重視帽子，以露頂為羞恥，忌諱不戴帽子。或者忌諱帽子戴歪，俗語稱「歪戴帽，狗材料」。還有忌諱衣扣不繫或繫錯，忌諱不穿鞋襪，或只穿一隻鞋襪。尤其是在祭祀的場合，衣著穿戴更要整潔莊重，不能過於簡單，否則就是冒犯神靈。舊時，苗族人甚至在平日居家入寢時也不解裙，唯恐衣飾不整冒犯了鬼神。

　　另外，在傳統習俗中，參加葬禮時必須穿黑色或素色服飾，而參加婚禮時則忌諱黑衣，喜愛紅色服飾，取其「喜氣洋洋」之意。

i-smart

智學堂
智慧是學習的殿堂

★ 親愛的讀者您好，感謝您購買　睡覺和看電視哪一個比較累？　小生活裡的大學問　這本書！

為了提供您更好的服務品質，請務必填寫回函資料後寄回，我們將贈送您一本好書（隨機選贈）及生日當月購書優惠，您的意見與建議是我們不斷進步的目標，智學堂文化再一次感謝您的支持！

想知道更多更即時的訊息，請搜尋"永續圖書粉絲團"

您也可以使用以下傳真電話或是掃描圖檔寄回本公司電子信箱，謝謝！

傳真電話：　　　　　　　　電子信箱：
（02）8647-3660　　　　　yungjiuh@ms45.hinet.net

姓名：＿＿＿＿＿＿＿ ○先生 ○小姐 生日：＿＿＿＿＿＿ 電話：＿＿＿＿＿＿＿

地址：＿＿＿＿＿＿＿＿＿＿＿＿＿＿＿＿＿＿＿＿＿＿＿＿＿＿＿＿＿＿＿

E-mail：＿＿＿＿＿＿＿＿＿＿＿＿＿＿＿＿＿＿＿＿＿＿＿＿＿＿＿＿＿＿＿

購買地點（店名）：＿＿＿＿＿＿＿＿＿＿＿＿ 購買金額：＿＿＿＿＿＿

職　業：○學生　○大眾傳播　○自由業　○資訊業　○金融業　○服務業　○教職
　　　　○軍警　○製造業　○公職　○其他＿＿＿＿＿＿＿＿＿＿＿＿＿

教育程度：○高中以下（含高中）　○大學、專科　○研究所以上

您對本書的意見：☆內容　　　　○符合期待　○普通　○尚改進　○不符合期待
　　　　　　　　☆排版　　　　○符合期待　○普通　○尚改進　○不符合期待
　　　　　　　　☆文字閱讀　　○符合期待　○普通　○尚改進　○不符合期待
　　　　　　　　☆封面設計　　○符合期待　○普通　○尚改進　○不符合期待
　　　　　　　　☆印刷品質　　○符合期待　○普通　○尚改進　○不符合期待

您的寶貴建議：

編輯部 收

請沿此虛線對折免貼郵票，以膠帶黏貼後寄回，謝謝！

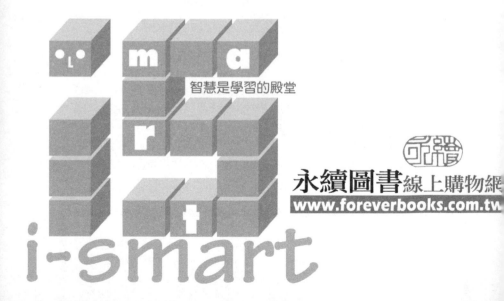

智慧是學習的殿堂

永續圖書線上購物網
www.foreverbooks.com.tw